最大的祕密

朗達·拜恩

獻給所有人類

願《最大的祕密》讓你免除所有痛苦，

並帶給你永恆的快樂。

那是我對你、對每個人類的意圖。

「在人類這輩子可以學習的所有事情當中，

我有個最棒的消息要告訴你，

最美好的事物要分享……」

——穆吉

目錄

致謝

　　沒有許多人的幫助和支持，《最大的祕密》就無法問世。首先，我想要謝謝在這本書中提供啟發性教導的導師，並向他們致敬。他們是優雅和智慧的象徵，對於他們的存在，以及願意成為這本改變人生之書的一部分，我深表感謝。

　　謝謝本書中的諸位科學家和博士，你們劃時代的觀點正是人類所需，可以帶領我們離開充滿不再適宜的舊典範的黑暗時代，進入我們真正所是的無限存有的光輝燦爛之中。

　　謝謝與我一起完成《最大的祕密》這本書的《祕密》團隊成員，沒有任何話可以形容我對於你們對這個項目的奉獻和支持的感激。每當我向團隊宣布我發現了某件驚天動地的事，必須與世人分享時，我確信他們會深吸一口氣，想知道接下來會發生些什麼。但毫無例外地，他們總是會打開心智，將意識提高到必要的水平，從而透過自己的角色提供寶貴的貢獻。

　　絲凱・拜恩（我的女兒）是《祕密》的編輯、我的編輯，也是我所有作品的人類指南針。要編輯我的書，絲凱必須盡可能在最大程度上理解所有的教導，以確保我沒有偏離軌道，並實現我最大的願望——盡可能寫得簡單，好讓數百萬人免於痛苦，處在喜悅中。一

本書的早期階段工作絕非易事，地球上沒有其他人可以做到像她這樣出色和完美。我要向絲凱致以最深切且無法估量的謝意，因為在這本書的每一頁都可以找到她的引導之手。

你會在書中的每一頁找到的另一隻手，屬於我們的創意總監尼克・喬治。這本書的精美設計歸功於他非凡的創造能力、他美麗且富創造力的眼睛和手，以及深刻的直覺。與尼克共同創作一本新書是一個純然喜悅的過程，我很高興能與他和喬許・海德蘭德一起工作，喬許和尼克一起設計了《最大的祕密》封面和內頁。

葛蓮達・貝爾勤奮地與本書中的導師、貢獻者及他們的團隊工作，以便在書裡準確地描繪各項教導。她努力不懈，晚上和週末也無私地工作，熱情地與所有時區的成員保持連繫。對此，我不勝感激。

謝謝令人讚歎的《祕密》團隊其他的成員：唐・齊克，我們的財務長，他總是準備好與我們公司迎向下一個量子飛躍，並引導我們符合法律和財務要求，讓一切朝著我們的意圖發展；喬許・哥爾德，他出色地管理著我們所有的社群媒體平臺，確保世界上每個國家都知道這本書；我最親愛的朋友瑪西・高爾登—克里利從這趟旅程的一開始就和我在一起，我很榮幸地說，她是《祕密》團隊不可或缺的一分子。還有製作人保羅・哈林頓，他從《祕密》問世的十年前就和我一起工作。保羅很早就鼓勵並啟發我寫出《最大的祕密》，當時幾乎不可能簡單傳達這個寶貴的真相。保羅還製作了

《最大的祕密》有聲書，在後期製作中與提姆‧派特森一起工作，以聲音的形式將本書中充滿啟發性的話語呈現出來。

感謝不可思議的哈潑柯林斯（HarperCollins）出版集團團隊，他們在製作這本書時的興奮極富感染力。感謝 HarperOne 出色的總裁兼發行人裘蒂絲‧柯爾，以及我超棒的編輯吉迪恩‧威爾，和他們一起工作非常愉快。還要謝謝布萊恩‧莫瑞、泰利‧李奧納德、伊芳‧陳、蘇珊‧奎斯特、萊娜‧阿德勒、愛德華‧貝尼特茲、艾莉‧莫斯泰爾、梅琳達‧穆林、阿德里安‧摩根、德懷特‧比恩、安娜‧布勞爾、露西爾‧卡爾弗，以及羅西‧布雷克。

感謝國際哈潑柯林斯團隊：尚塔爾‧雷斯蒂沃—阿萊西、愛蜜莉‧馬丁、茱麗葉‧莎普蘭、凱瑟琳‧巴博薩—羅斯和茱麗安娜‧沃西克。感謝哈潑柯林斯英國團隊：查理‧瑞德曼、凱特‧艾爾頓、奧利佛‧麥爾坎、卡佳‧希普斯特、海倫‧羅徹斯特、西蒙‧蓋瑞特和茱莉‧麥克布雷恩。還要謝謝哈潑柯林斯的全球出版夥伴：巴西、西班牙、墨西哥、伊比利亞、義大利、荷蘭、法國、德國、波蘭、日本和北歐。

特別感謝以下這些提供我寶貴意見的人：彼得‧傅優、金‧沃爾、約翰‧沃爾、漢娜‧哈吉登、瑪西‧高爾登—克里利、馬克‧韋弗和弗雷德‧內德。

謝謝我的家人，彼得‧拜恩、歐庫‧鄧恩、凱文（小子）‧麥可

米、亨利・麥可米、莎凡娜・拜恩・柯羅寧,以及我的女兒海莉,
她正是十六年前讓我踏上尋找真相的不可思議旅程那股力量。還有
我最親愛的姊妹,寶琳・維南、葛蓮達・貝爾和珍妮・柴爾德,謝
謝你們愛我,並允許我愛你們。

最後,感謝我了不起而美麗的導師,她過去四年裡的言語和對真
相的教導徹底改變了我的生命,幫助我清楚了解自己真正是誰。都
是因為她以無盡的付出和耐心幫助指引我回家,這本珍貴的書才能
出現在你手上。我對她的愛無窮無盡。

...the most obvious element of experience is ... overlooked... the secret of secrets... the end of delusion... so you can't see it... so subtle your mind can't understand it... so simple you can't believe it... so good you can't accept it... hidden from the ... the greatest ... human being ... in ... hidden in plain ... than the most concealed... more evident than the most ... ... that this great secret ... ... the ... ... happiness... the ... ... you have ... ... world......the most obvious element of experience and ... most overlooked... the secret of secrets... the end of delusion ... lose you can't see it... so subtle your mind can't understand ... so simple you can't believe it... so good you can't accept ... more hidden than the most concealed... this is the greatest ... ... man being can ... be... hidden in plain ... the most concealed... more evident ... ... there's nothing greater than ... ... plain sight... for everyone of us to...

緣起

二〇〇六年《祕密》一書發行後，我的生活只能用「夢想人生」來形容。透過虔誠地實踐《祕密》裡的法則，我的心智變得非常正向，我的生活也因此在快樂、健康、人際關係和財務層面上反映了那種正向狀態。此外，我也發現自己自然而然對生命中的一切充滿了愛與感恩。

儘管如此，我內在的某樣東西持續催促我去尋求更多真相，鞭策我繼續追尋，雖然我還不明白要尋找什麼。

那時我還不知道，我已經展開了將會持續十年的旅程！這趟旅程從研究歐洲一個古老傳統（即玫瑰十字會）的教義開始，我研究他們深奧的教義許多年。我還花了幾年時間研究佛教、基督教神祕主義者的許多作品、神學、印度教、道教，以及伊斯蘭教的蘇菲主義。在研究這些古老傳統及其歷史教義後，我的追尋回到現代，開始關注近代的導師，例如基度・克里希那穆提、羅伯特・亞當斯、萊斯特・雷文森和拉瑪那・馬哈希，以及一些現今仍活著的導師。

在整個旅程中，我學到了許多大眾普遍不了解的東西，而雖然這些東西令人著迷，卻沒有一個讓我覺得自己找到了**那個真相**。

　　隨著歲月的流逝，我甚至認為我這輩子也許要永遠追尋下去了。但那時我沒有意識到，我一直滿世界尋找的真相，一直比我想像的更接近我。

　　二〇一六年一月上旬，我展開追尋之旅的十年後，我的人生出現了一個充滿挑戰的狀況，那個狀況讓我深感失望。我對自己感受到那麼強烈的負面情緒非常驚訝。我的感覺通常都很美好啊，為什麼這個感受會這麼糟？不過，那個令人失望的狀況後來成了我在追尋真相的過程中最大的禮物。

　　為了扭轉自己的失望，我拿起 iPad，在「意識電視臺」這個頻道上觀看一個訪談節目，接受採訪的是一個叫大衛·賓漢的人。訪談當時，大衛不是導師，只是一個像你我這樣的普通人，但有個區別：經過二十年的追尋，他已經發現了真相！

　　我看了那場訪談，然後去聽了大衛推薦的播客節目。我專心聆聽那個播客節目，在節目裡聽到大多數人都忽略了這項發現──不是因為它很難，而是因為它很簡單。之後，我得以透過電話與大衛交談，而在我們的談話中，他說：「看看我正指著什麼，它就在這裡。」突然間，我看見了我一直在尋找的事物。它是如此**簡單**，它就在**這裡**。就這樣──十年後──我的追尋結束了！我可以毫不猶豫地說，我從這項發現中得到的快樂和喜悅，讓我在多年旅程中花費的每一秒都很值得；即使要花我一輩子的時間去發現它，還是值得。

　　結果，一個簡單的發現就是我一直在追尋的整個真相，這實際上是每個人都在尋找的，無論他們有沒有意識到。而我一旦看見了真相，就能看到它無所不在。我十年來一直在閱讀和學習的一切都包含了這個真相，只不過那時的我尚未具備可以看見它的眼睛。我追尋多年，從一個傳統和哲學體系到下一個，而我在尋找的東西，一直都在我眼前！

　　從發現那一刻起，我就知道，沒有什麼比深入理解這項發現、完全活出它來，然後與世人分享更重要的事了。我希望為那些受苦的人指明出路、幫助終結這麼多人正在承受的痛苦和磨難，並且亮起一束光，讓那個我們可以毫無焦慮或恐懼地活著的未來顯現出來。

　　我一直都有為自己正在學習的一切做筆記，存放在電腦一個名為「我的下一本書」的資料夾中。這是一種直覺，啟發我記錄自己發現的一切，希望最終能與世人分享。當我整理完之後，那些珍貴的筆記便成了本書的基礎。

　　在透過大衛‧賓漢發現真相後僅僅兩個月，我遇到了一個對我的人生及這本書的創作有巨大影響的人。她走進我在一場避靜會待的房間，當我走上前和她說話時，她的存在對我產生極為深遠的影響，以至於我整個人生的任何負面情緒痕跡馬上就消失了！她曾經是我一直以來最喜歡的導師之一——已故的羅伯特‧亞當斯的學生。我立刻知道她是我的導師，可以幫助我在此生充分認識和活出真相，而在過去的四年中，她一直是我的老師。她的教導很直接、

美好而簡單，而且她總是毫不猶豫地告訴我，我是否走錯了方向。我應她的要求讓她匿名，但我分享了她許多改變生命的教導，那些教導將我推進一個充滿持續的喜悅和快樂的人生，我深切地希望它們也能為你做到同樣的事。

她，以及本書中的其他導師，透過闡明這項發現，引導我走出無知造成的黑暗。他們每個人都幫助我更深刻地理解我發現的真相，並且更全然地活出它來，我對他們的愛無窮無盡。他們那些永遠改變我人生的話語，在本書中占據重要地位。

你透過本書所走的每一步，會讓你變得更加快樂、讓你的人生變得更不費力，而那份快樂和不費力會持續增加，永無止境。對未來的任何恐懼和不確定將不再困擾你，日常生活中的掙扎或這個世界發生的事引發的任何焦慮和壓力會消散無蹤。你可以擺脫你此刻可能正在經歷的各種形式的苦痛，你會的。

這整本書裡當然有一些極大的啟示，但也有許多簡單的練習可以讓你立即將那些啟示付諸實踐。光是這些練習就非常有價值，而我之所以知道，是因為我就是它們多麼有效的有力證據。

《祕密》一書向你展現如何創造你想要成為、想要做到或想要擁有的任何事物，而一切都沒有改變，《祕密》告訴你的在今天依舊為真。這本書則揭露了人類有史以來最大的發現，並告訴你如何遠離負面性、問題，以及你不想要的事物，走向充滿恆久快樂和至喜

的人生。

　　沒有比這更好的了。歡迎你來到《最大的祕密》，這是我最大的喜悅。

第一章

隱藏在顯明之處

我們這個星球上的數十億人中，只有一些人發現了真相。那些少數人完全擺脫混亂和人生中的負面事物，活在永恆的平靜和快樂中；至於我們其他人，無論有沒有意識到，我們人生中的每一天都在不停地尋找這個真相。

儘管這個大祕密其實已經被寫下來，而且歷史上很多聖哲、預言家及宗教領導者都有間接提到，大多數人對我們可以擁有的最偉大的發現仍是一無所知。而那些和我們分享這項發現的人，是佛祖、克里希納、老子、耶穌基督、尤迦南達、克里希那穆提，以及達賴喇嘛。

雖然他們每個人的教導都不同，適合各自的時代，卻都指向同一個真相——關於我們的真相，以及我們的世界背後的真相。

「在某些宗教中，這個真相比較不像其他宗教那樣公開且清楚地表達出來，然而，此真相存在每個宗教的核心。」

麥可・詹姆士，出自《快樂與存在的藝術》

　　這個大祕密對我們每個人來說，都是顯而易見的。它比我們的呼吸更接近，我們卻看不見！古老傳統知道想要隱藏祕密，就應該把它放在顯而易見之處，放在沒有人會想到要去尋找的地方。那就是「最大的祕密」所在之處。

「因此，在喀什米爾濕婆教的傳統中，它被稱為『最大的祕密，比最隱密的事物藏得更深，卻比最顯而易見的更顯明』。」
魯伯特‧斯皮拉，出自《對覺知的覺知》

　　我們已經遺漏這個真相好幾千年了，因為我們一直沒有看著就在眼前的事物。我們很容易因為自己的問題、人生中的戲碼、世上種種事件的來來去去而分心，錯過了我們所能擁有的、就在眼前的最大發現——這項發現可以帶我們走出痛苦，進入恆久的快樂中。

　　什麼樣的祕密有可能這樣改變人生？哪一項單一的發現可以就此終結痛苦，或是帶來持久的平靜和快樂？

　　很簡單，就是揭露真正的你是誰的祕密。

　　你也許認為你知道自己是誰，但如果你認為你是一個有名字、目前是某個年紀、來自特定種族，擁有一份職業、一段家族歷史及許多生命經驗的人，那麼，在揭露你**真正**是誰之後，你會大吃一驚。

「一個人能對你有所幫助的唯一方式，就是挑戰你的想法。」

戴邁樂，出自《覺知：與大師對話》

我們一生中接受了許多錯誤的想法和信念，而那些錯誤想法和信念讓我們成為俘虜。我們被告知這個世上有限制、有匱乏——沒有足夠的金錢、時間、資源、愛或健康：「生命是短暫的。」「你只是個凡人。」「你必須努力工作和掙扎，才能到達人生中某個位置。」「我們快要沒有資源了。」「這個世界很混亂。」「這個世界需要被拯救。」但是在你看到真相那一刻，那些非真相就碎裂了，而你的快樂將從殘垣中升起。

也許你正在想：「我的人生一切順利，為什麼還需要知道這個最大的祕密？」

套一句已故的戴邁樂說過的話：

「因為你的人生一團糟！」

你也許不同意。我當然也不認為自己的人生一團糟，直到戴邁樂確切地定義他所指的是什麼。

你曾經心煩意亂嗎？曾經覺得有壓力嗎？曾經擔憂嗎？曾經覺得緊張、被冒犯，或是受傷嗎？曾經覺得難過、情緒低落或沮喪嗎？曾經覺得不快樂或心情不好嗎？如果你曾在任何時刻經歷過上述任

何一種情緒，那麼根據戴邁樂的定義，你的人生就是一團糟！

　　你也許會想，一天當中被負面情緒困擾很正常啊，但人生不應該是那樣。你可以過著完全免於受傷、沮喪、擔憂及恐懼的日子，生活在**持續**的快樂中。

　　透過我們經歷的每一個具挑戰性的狀況，特別是那種非常具有挑戰性的狀況，生命向我們展現有一條路可以免於受苦。但是我們沒有看見。我們迷失在自己的問題中，錯失了一樣就在眼前、可以讓我們永遠從所有問題中解脫的東西！

> 「我們在一個經驗接著一個經驗、一段關係接著一段關係、一種療法接著一種療法、一個工作坊接著一個工作坊中尋找快樂——甚至在『靈性』圈的事物中尋找，那些東西聽起來很有希望，卻從來沒有處理受苦的根本原因：對自己的真實本質一無所知。」
> **穆吉，出自《白火》第二版**

　　每當我們受苦，都是因為我們相信了某件關於我們的錯誤之事——我們誤解了自己的身分。人類**所有**的苦痛，都可歸因於錯誤的身分認同。

　　真相是，你不是一個對發生在你身上和你人生中的事毫無掌控力的人；你不是一個必須被不喜歡的工作捆綁，只能做到死的人；你不是一個必須努力掙扎才能勉強餬口的人；你不是一個必須證明自

己，或是需要其他人認可的人。事實上，你根本不是一個人。你無疑擁有作為一個人的**經驗**，但放大來看，這不是真正的你。

「它不是看起來的樣子。你不是你所想的那樣。」
揚·弗拉澤，出自《存在的自由》

「有時候，我們只聚焦在人生的症狀上，卻忽略了真正的肇因——對我們真實本質的理解和認識。這是萬靈藥。」
穆吉

「我們在人生中經驗的所有不快樂、不滿足和不幸，都是因為我們不知道或搞不清楚自己到底是誰、是什麼。因此，如果想要免於所有形式的不幸和不快樂，就一定要讓自己脫離對自身真實本質的無知或困惑。」
麥可·詹姆士，出自《快樂與存在的藝術》

你對人生過得如何的衡量結果，就是你的快樂程度。你有多快樂？你一直都是由衷地快樂嗎？你持續生活在快樂之中嗎？你應該要一直都很快樂。快樂**就是**你，這是你的真實本質，是真正的你。

「每個人在這世上尋找的，其實是同一樣事物。每個人、甚至動物都在尋找它。那麼，我們都在尋找的是什麼呢？不帶悲傷的快樂，一種沒有沾上一丁點悲傷、持續的快樂。」
萊斯特·雷文森，出自《快樂是免費的》第一～五冊

　　我們採取的每個行動、做的每個決定，都是因為我們認為自己會因此比較快樂。所有人都在尋找快樂並非巧合，因為我們在追尋快樂時，其實是在尋找自己，只是我們不自知！

　　透過物質事物不可能找到恆久的快樂。每樣物質事物出現之後，最終都會消失，所以如果你把自己的快樂交給物質事物，當那樣事物消失時，你的快樂就會消失。物質事物沒什麼問題（它們很棒，而且你值得擁有你想要的一切），但是當你了解你絕對沒有辦法從中找到恆久的快樂時，會是很大的突破。如果物質事物可以帶來快樂，那麼當我們得到自己真正想要的東西時，快樂應該不會離開我們，但事實並非如此。實際的狀況反而是，我們體驗到短暫的快樂，然後在很短的時間內又回到一開始的樣子——一種為了再次感到快樂而想要更多東西的狀態。

　　要找到持久、永恆的快樂，只有一種方法——找出你真正是誰，因為你的真實本質**就是**快樂。

　　「世人如此不快樂，是因為他們不知道真實自性。人真正的本質是快樂，快樂內建在真實自性之中。人類對快樂的追尋，是無意識地在尋找自己的真實自性……找到的時候，就找到了不會終結的快樂。」

拉瑪那・馬哈希

「身處這個地球唯一真實的目的，就是去學習或重新憶起我們最初那個沒有局限的自然狀態。」

萊斯特・雷文森，出自《意志力》有聲書

「發現我們的真實自性，就有力量將無知造成的黑暗轉變為全然理解的光明。這是最深刻、最重要、最根本的發現，是一棵馬上會結出果實的樹。當我們知道自己真正是誰——那個經驗和感知這個世界的人——很多事情就會被導正。如果你在尋找的是真相，那麼要知道的事情不是太多。不需要大量知識，只需要認識你所是的那個真實自性就好。」

穆吉

幾個世紀以來，「憶起真正的自己」有很多說法：開悟、自我了悟、自我發現、啟明、覺醒、憶起。你也許認為「開悟」不會發生在你身上（「我只是個普通人」），但你完全錯了。這個發現——這份快樂、這份自由——就是真正的你，所以怎麼可能不會發生在你身上？

「此刻就敞開自己，接受你有可能體驗到『你是誰』這個**真相**。你可能會問，該怎麼做？藉由注意到路上唯一的阻礙就是你的想像——你想像出來的反對意見。」

我的導師

「我們都是自由的，只是我們不知道。這感覺像是最不可能的事，也的確可能如此。我們會發誓自己被失敗或順利擺布，然而（真相來了），自由就在這裡。」

揚・弗拉澤，出自《存在的自由》

「自我了悟對沒有受教育的人來說是可能的，對國王來說也是。自我了悟沒有先決條件，這不是只會發生在那些長年靈修的人身上，對菸酒不離身的人來說也有可能發生。」

大衛・賓漢，出自意識電視臺

你的人生會是什麼模樣？

「我正在說的是一件幾乎沒有人經驗過的事。該怎麼描述呢？在任何方向的任何事物上都毫無限制，光是想到就有能力做到任何事。然而不只是如此。想像你可以擁有的最強烈的喜悅，然後乘以百倍。」

萊斯特・雷文森，出自《無攀冀無負累》

　　當你徹底認識自己是誰，你將擁有一個沒有問題，沒有苦惱、傷痛、憂慮或恐懼的人生。你會從對死亡的恐懼中解脫，從此不再被自己的心智控制或折磨。錯誤的想法和信念會消融，取而代之的是明晰、快樂、喜悅、平靜，以及無限的樂趣和驚奇——每一刻都是愉悅。你會知道，不管怎樣，你都很平安、很安全。

「當我們認清這一點……終極的快樂就永遠建立起來了。而快樂建立

之後，不朽、無限、不受煩擾的平靜、完全的自由，以及每個人都在追尋的其他所有事物，都會隨之而來。」
萊斯特・雷文森，出自《快樂是免費的》第一～五冊

　　當你徹底認識自己是誰，人生變得毫不費力——你似乎不必花費任何力氣，所需的一切就會出現。你的人生會被一種輕鬆自在和流動的狀態接管，匱乏和限制永遠消失了。你終於明白你對世上萬物擁有的至高力量。

　　當你徹底認識自己是誰，苦痛和掙扎會消失，恐懼和負面情緒會消融，而心智會安靜下來。你會充滿喜悅、正面性、滿足、豐足感，以及不受煩擾的平靜。這將會是你的人生。

　　引用身兼母親和文學教師的揚・弗拉澤的話：

「想像一下這件事：一直以來壓在你身上的東西突然不再沉重。它也許還在那裡，是你人生中的一個事實，但沒有了質量、沒有了重量。曾經困擾你的一切，現在只是景色的一部分，像是一棵樹，或一片飄過的浮雲。每一丁點情緒和心智層面的混亂都止息了——整個沉重的負荷（它的某種形式從你有記憶起就一直跟著你）都不再沉重。某種如同你最好的朋友一樣熟悉的事物——像你說的語言、你的膚色一樣是你的一部分——莫名其妙地完全消失。一股安靜的喜悅流進這個令人驚奇的空無中，早中晚都支持著你，無論你去到哪裡、身處何種情境，甚至是睡覺時，那股喜悅都會流過去。你著手進行的每件事都毫

不費力地發生。你很快樂，卻毫無理由。沒有什麼事能困擾你，你感受不到壓力。一個問題出現時，你知道該怎麼做，也去做了，然後就放手。過去會讓你抓狂的人，現在對你不再有影響。你在憐憫別人的苦痛時，自己不會受苦。過去覺得乏味的活動，現在變得有趣。你不需要治療；你不會感到無聊、焦慮或心情不好。除了需要完成某項任務時，你的心智處於休息狀態。你的人生全然滿足——不需要你做任何事來滿足它……你知道無論你接下來的人生會遭遇什麼樣的挑戰，這份平靜都會持續，你不會再感到害怕、絕望、孤單。無論路上出現什麼，這份沒來由的喜悅都會持續下去。想像一下。」

揚‧弗拉澤，出自《當恐懼消逝》

　　這就是擁有**最大的祕密**的你的人生。這就是你的命運。

第一章摘要

· 無論有沒有意識到，我們人生中的每一天都不停地在尋找最大的祕密。

· 這個大祕密對我們每個人來說，都是顯而易見的，我們卻看不見。

· 我們已經遺漏這個真相好幾千年了，因為我們被自己的問題、人生中的戲碼、世上種種事件的來來去去分了心。

· 我們一生中接受了許多錯誤的想法和信念，那些想法和信念讓我們成為俘虜。

· 每當我們受苦，都是因為我們誤解了自己的身分。

· 人類因為誤解自己的真實本質而受苦。

· 你擁有作為一個人的**經驗**，但放大來看，這不是真正的你。

· 你應該要一直都很快樂。快樂是你的真實本質。

· 「發現真正的自己」有很多說法：開悟、自我了悟、自我發現、覺醒、憶起。

· 此刻就敞開自己，接受你有可能體驗到「你是誰」這個**真相**。

· 當你徹底認識自己是誰，你將體驗到一個沒有問題、苦惱、傷痛、憂慮或恐懼的人生，而且，你會充滿喜悅、正面性、滿足、豐盛和平靜。

第二章

揭開最大的祕密

「它太近了，以至於你無法看見。

太隱晦了，以至於你的心智無法理解。

太簡單了，以至於你無法相信。

太好了，以至於你無法接受。」

洛可·凱利，出自《轉變為自由》，為藏傳佛教香巴噶舉派的諺語

　　為何這麼少人發現真相？為何大多數人都還沒有意識到自己是誰？全世界數十億人怎麼都遺漏了對我們的快樂來說這麼重要的東西？

　　我們之所以沒有發現最大的祕密，是因為一個微小的阻礙：信念！單單一個信念，就讓我們無法取得最重大的發現──那個信念就是「我們是自己的身體和心智」。

你不是你的身體

「我們來到這個世界，成為一個身體，是為了學習我們不是這個身體。」

萊斯特·雷文森，出自《快樂是免費的》第一～五冊

　　就像你利用車子從一個地方移動到另一個地方，你的身體也是你用來到處移動和經驗這個世界的工具。

「如果你有車，你不會說你是那輛車。那為什麼，假如你有個身體，你會說你是那個身體呢？」
萊斯特‧雷文森，出自《快樂是免費的》第一～五冊

　　因為是物質，你的身體沒有意識。它不知道自己是個身體，但「你」知道它是身體。你的腳趾不知道它是腳趾，你的手腕不知道它是手腕，你的頭不知道它是頭，你的大腦不知道它是大腦，但是，「你」知道你身體的每一個部分。那麼，當你知道這所有不同的部分，它們卻沒有一個知道你，你怎麼可能是你的身體呢？

　　就是像這些尋根究底的問題，讓過去的偉人得以解開我們究竟是誰背後的謎。

「過去幾千年來，我們最糟的習慣，就是相信我們是這具身體。」
萊斯特‧雷文森，出自《快樂是免費的》第一～五冊

「我們已經忘了真正的自己，認為自己就是物體。我是這具身體，所以我會死。」
法蘭西斯‧路西爾

「你害怕如果身體不存在，你也不在了。」
萊斯特·雷文森

　　相信你只是你的身體，創造出人類最大的恐懼——對死亡的恐懼：當你的身體死了，你害怕你也將不復存在。這件事就像烏雲一樣籠罩著你的人生。

「如果你想要不朽，就別再緊抓著這具身體不放。」
萊斯特·雷文森，出自《快樂是免費的》第一～五冊

　　你不是你的身體，這是好消息，因為你的身體總有一天會走到盡頭，如同所有物質事物一般。這個世界完全是由物質事物組成的，那些東西沒有一個會持續存在，包括你的身體，其透過出生與死亡的過程出現又消失。而**真正**的你是不會死亡的！

「真正的你不會死亡。身體會死，但身體並非你之所是。」
穆吉

「我們擁有自由意志，可以認同自己的身體，或是認同自己的真實本質。身體等同於痛苦，而真正的你等同於無限的喜悅。」
萊斯特·雷文森，出自《快樂是免費的》第一～五冊

　　脫離所有困境之道，始於放掉「你是你的身體」這個信念。

你不是你的心智

　　你腦袋裡的聲音不是你，然而，你大半輩子可能都相信那就是你。雖然腦袋裡的聲音聽起來像你、似乎很了解你，而且你變得對它很熟悉，但那絕對**不是**你。你腦袋裡的聲音是你的心智，而你不是你的心智。

「心智是不斷出現又消失的念頭的集合。」
彼得・勞瑞

「沒有念頭，就沒有心智。心智只是念頭而已。」
萊斯特・雷文森，出自《快樂是免費的》第一～五冊

　　自己確認一下。如果沒有念頭，你的心智在哪裡？你的心智不在了。

「除了念頭和感覺、記憶和身體覺受，裡面沒有別的了，但你是個念頭嗎？你是個感覺嗎？」
魯伯特・斯皮拉，出自一場公開演講

　　如果你是一個念頭——假設是個受挫的念頭——那麼當這個受挫的念頭消失時你會消失。你不是一個念頭、感覺或身體覺受，因為當它們消失時，你也會消失，但它們消失後，你還在這裡。你就在一個念頭面前，就在一個感覺或身體覺受面前，在它們消失後，你

還是完好無缺。仔細觀察就知道這非常顯而易見。我們確實經驗到念頭、感覺和身體覺受，但我們不是那些東西。

在某些方面很容易了解我們怎麼會看不見自己真正是誰，因為身體和心智是非常有說服力的組合。我們的心智裡一直有念頭在長篇大論，那些念頭大部分都包含「我」這個字，彷彿心智就是我們。而你也許很驚訝地知道我們所有的身體覺受也都從心智而來，這就強化了「我們就是自己的身體」這個信念。

「別人如何看待你促成了你的自我感。有事情發生時，似乎是發生『在你身上』，或者也許是你讓事情發生的……你因為對你的影響而在意發生的事。你希望讓自己安全和處於有利地位，因而『保持住』自己。你確實看起來是真實的。」
揚·弗拉澤，出自《偉大的甜味劑：思考過後的人生》

不是說你沒有身體和心智，而是它們並非**真正**的你。就像你的車一樣，它們只是精細調整過的工具，讓你用來經驗這個物質世界。

「認同你的身體和心智，是唯一一件會掩蓋真正的你的事。正是這樣的錯誤認同遮蓋了你的真實自性。」
穆吉

你真的是你以為你所是的那個人嗎？

「想想所有為了強化小我（ego）花費的力氣——重視自尊、名聲、
成就、外表、物質事物的取得——覺醒能發生簡直是奇蹟。」

揚・弗拉澤，出自《存在的自由》

　　小我、想像的自我、假裝的自我、分離的自我，以及心理上的自
我（心理我）是導師和聖哲給我們錯誤的身分認同的幾個名稱，這
些描述指的都是共同組成我們所謂的「人」的身體和心智。當我們
提到自己時，大部分的人指的是我們以為自己所是的這個人。

「『人』是你所經驗的，而非你所是的。」

穆吉

「沒有所謂的『人』。如果你說『我是一個人』，那麼你必須說是
哪一個——從前有一個嬰兒、有一個青少年、有一個蹣跚學步的小
孩……然後這整個過程很快就會結束。」

狄帕克・喬布拉醫學博士

　　你的性格一直在改變，所以如果你的性格就是你，那你是哪一個
人？你是那個憤怒的人、那個充滿愛的人、那個沮喪的人、那個煩
躁的人，或是那個親切的人？你可能會認為你是它們全部，但這不
可能，因為如果你是它們所有人，那個憤怒的人不會消失，會一直
存在；或者，假如那個沮喪的人真的是你，當它消失時，你的一部

分也會隨之消失。但那種狀況並沒有發生，不是嗎？那個憤怒的人出現之前，你就在這裡了；它消失以後，你還在這裡。那個沮喪的人出現前，你在這裡；它消失後，你還在這裡。顯然，你不是你不斷改變的心情或性格。

「性格是個有用的工具，但它無法定義你是誰。真正的你遠遠不只是你以為你所是的那個人。」
賈姬‧歐基芙

「想要發現我們本質上是誰，最大的阻礙就是『我是念頭、記憶、感覺和身體覺受的集合』這個信念。這些東西共同形成一個虛幻的自我或實體，而認為自己是這個實體的信念是唯一的阻礙。我們所有的心理問題都是因為這個想像的自我，歸結起來就是我們把自己錯認為這個想像的自我了。」
魯伯特‧斯皮拉，出自一場公開演講

「人似乎只因為堅持且毫不懷疑地相信這裡有個真實的『人』才會存在，但是人，或說小我，無法在不相信它的情況下存在。那只是想像的產物，事實上，根本沒有人。身體這個房子唯一的住戶，是純粹自性，也就是你之所是，其餘都是虛構的。這個身體裡沒有兩個居住者，一直都只有一個。對小我的信念提供了一種真實感，但這不是事實，只是虛構。」
穆吉

相信自己是小我或是一個人有什麼問題呢？

我們會覺得渺小且極端脆弱，會害怕不好的事發生在自己身上，害怕疾病、變老及死亡，害怕失去自己擁有的東西，以及得不到自己想要的事物。我們會活在匱乏的狀態，相信某某事物「不夠」：錢不夠、時間不夠、精力不夠、愛不夠、健康不夠、快樂不夠，以及生命不夠；更糟的是，我們相信**自己是不足的**。以上所述沒有一項是真的──事實上，正好和真相相反──但是，只要我們緊抓著「我只是一個人」這個信念不放，就永遠無法擁有真正持久的快樂。

「人的境況的悲劇和喜劇，是我們花了大半輩子代表一個虛幻的自我在思考、感覺、行動、感知及認同。」
魯伯特‧斯皮拉，出自《愛的灰燼》

「小我並不是你，但它發出很大的喧鬧聲，以致你聽不見你真正是誰。如果你讓這種狀況持續下去，如果你去餵養和澆灌小我，簡直愚不可及。」
揚‧弗拉澤，出自《打開門》

「我認為大家都遭受『人』的毒害……太從個人角度去過生活、太從個人角度去感知人生、太常覺得事情是針對個人。當你以個人模式去回應生命，就是一種盲目。你沒有用正確的角度看待事物。」
穆吉

你確實**經驗**到身體、**經驗**到心智，擁有作為一個人的**經驗**，但這些其實是最小部分的你，而且它們終究不是你，因為當它們結束時，**你**並沒有消失。

「在人們之中『沒有人』。」
夏克緹・卡特琳娜・瑪姬

但是，有**真正**的你。

「為什麼要看穿小我、要放掉它——要停止相信這個小傢伙的堅實性——這麼難？當它的上下左右、裡裡外外都是這美好的另一個實相——這實相確實是真的，可以被寄託、被指望用來提供全然的平靜——為什麼我們還緊抓著這個表面上看來真實的自我不放？為什麼我們要為了某樣相較之下如此沒有價值的東西——某樣導致許多問題、甚至痛苦的事物——而拒絕給予自己這個實相？」
揚・弗拉澤，出自《打開門》

大偽裝者

你的念頭、感覺、身體覺受和信念合作無間地說服你相信自己是一個人。我們全都是大偽裝者，假裝自己非常渺小，假裝自己非常受限。我們假裝自己是個渺小、有所局限的人，出生、活了一段時間，然後死去，那就是我們的終點。然而，這完全不符事實！

「我們都自我沉迷於一個不曾存在的想像角色中。」
夏克緹‧卡特琳娜‧瑪姬

　　這個想像的角色就像電影中的角色。我們知道扮演那個角色的演員是存在的，但電影角色知道演員存在嗎？不，它不知道，電影角色是想像出來的。

　　我們藉由每一個念頭強化「我是一個人」的信念。如果去檢查每個念頭，你會發現其核心都有一個「我」。那些以你相信你所是的那個「我」為中心的念頭，一而再、再而三地申明你是一個渺小且有所局限的人。

　　當你相信你腦袋裡的聲音就是你，便會自動相信它說的每一件事。你會相信你的心智產生的所有念頭。

　　像是這樣的念頭：

「我正在變老。」

「我太累了。」

「我不夠好。」

「我做不到。」

「我沒有足夠的時間。」

「我不像過去那樣健康了。」

「我沒有足夠的錢。」

「我不夠聰明。」

「我的視力不像從前那麼好了。」

「我不覺得自己被愛著。」

「他或她沒有認可我。」

「我不值得擁有這個。」

「我害怕死去。」

「我不知道要做什麼。」

　　這些念頭都是限制，透過你的心智強加在你身上。真正的你是**不受局限**的，這意味著絕對沒有任何事物有力量掌控你！

　　我的導師說，我們透過持續不斷的限制性念頭（就像我上面列出的那些）練習渺小，而如果我們不練習做一個渺小且受限的人，就

能看見真正的自己。

　　與一個「人」有關的一切，和真正的你完全相反。人是不完美的，真正的你是完美的；人是短暫存在且受限的，真正的你是永恆且無限的；人出生又死去，真正的你沒有出生、沒有死去；人是帶著個人色彩且反覆無常的，真正的你不帶個人色彩，且一直很穩定；人的心情不斷在變化，真正的你始終很快樂、很平靜；人充滿判斷和意見，真正的你允許和接納一切；人會生病和變老，真正的你不受老去支配，也不會被疾病影響；人會受苦，真正的你沒有所有的痛苦和折磨；人會死去，真正的你則永恆存在。

用不快樂交換真相

　　要擁有一個有著恆久快樂的至喜人生，只有一種方法，就是知道自己的真實本質。要脫離被種種問題、負面性及不和諧折磨的人生，只有一個途徑，就是知道你真正是誰這個真相。

「真正的你是極其宏大而壯麗的，是完整的、完美的，處於全然的平靜中，你卻因為認定自己是那受限的小我，而看不到這一點。放下那個讓你看不見的眼罩，也就是小我，永遠處於全然的平靜和喜悅中。當你發現了自己——你將擁有一切。」
萊斯特‧雷文森，出自《快樂是免費的》第一～五冊

「人生不是為了解決一堆小問題，因為問題永遠不會結束。人生指引

我們看到一件至關重要卻一直被忽略的事——我們真實而不變的自我。人類整體來說大多活在一個錯誤的概念中：我們基本上是有著一具身體的人，而不是我們的真實自性。」
穆吉

「我們人生的『故事』中也許有悲劇，但事實上，並沒有悲劇發生在我們身上。歸根結柢，故事的存在只是為了教我們這個區別。當我們學到這一課的那一瞬間，連故事也會改變，顯露出它的美、愛及智慧。不要執著於悲慘之事無法避免這個觀念，只要執著於這個觀念，就會很悲慘。」
法蘭西斯・路西爾

「在聖經寓言裡，認同身體／心智的人是把房子建造在沙上；而領悟到自己的真實本質，則是把房子建造在磐石上。」
大衛・賓漢

不必尋找真相，因為那就是你原本所是的樣子。你怎麼可能尋找你自己呢？只是我們大多數人一直不斷把目光從真正的自己移開，而不是注視著。

你是否曾經注視著那種裡面有兩個圖像的圖片？一開始看那張圖片時，你可以清楚看見一個圖像，但看不到第二個。你試著要去看，但第二個圖似乎在躲避你，因為你把焦點放在第一個圖像上了。

　　你必須改變視角，並且**稍稍**讓你的凝視變柔和些，才能看見另一個圖像進入視野。

　　在魯賓有名的錯視畫中，一開始你要不是看見兩個人對望，就是看到一個花瓶。想要同時看清楚兩個圖像，你必須改變你看這張畫的方式。

　　我們大半輩子都從「我是一個身體和心智」，亦即「我是一個人」這樣的視角來看自己，但想要看清楚自己是誰，我們必須稍稍改變視角，就像看魯賓的畫一樣。

揭露

　　讓我問你一個簡單的問題。

你有所覺知嗎？

　　你的答案一定是「有」，否則你不會意識到我問你的這個問題。讓我再問你一次。

　　你有所覺知嗎？

　　是的，你有所覺知。你從嬰兒時期就有所覺知了，然後經歷童年時期、青少年歲月，以及成年期。你的整個人生都有所覺知。

　　覺知是你人生中唯一不變的事物。你的身體不斷改變，你的心智不斷改變，你的念頭、感覺和身體覺受全都變個不停，但從來沒變過的，就是你的覺知。

　　而那個覺知，就是**真正的你**。

你就是覺知。

「你就是它。它這麼近，以致你看不見。你透過它的眼睛，看著你周遭的世界。」
揚・弗拉澤，出自《存在的自由》

「提到『我』，我們一直被制約著去相信指的是身體，但其實，『我』指的是覺知。」
大衛・賓漢

　　你不是身體、心智，或是一大堆念頭、感覺、記憶或身體覺受。你是**覺知**到你的身體、你的心智，以及你的念頭、感覺、記憶和身體覺受的那個。你就是覺知本身。

「當你遇見覺知的那一刻，你內在的某個東西會認出它來。」
穆吉

　　你覺知到你正在閱讀這本書。你覺知到你周遭的聲音。你覺知到你所在的房間。你覺知到你的名字。你覺知到你的身體和身上的衣服、你的呼吸，以及身體覺受。你覺知到你的上顎、腳底，以及你的手指。你覺知到你的心智、你腦袋裡的念頭，以及你的感覺和心情。

　　事實上，沒有覺知，你根本無法知道或經驗生命中的任何事物。

你是那個覺知到一切的覺知

　　覺知就是覺知到你擁有的每一個生命經驗的那個東西。不是心智或身體覺知到你的生命，是你——你所是的那個覺知——覺知到心智、念頭和身體，而你覺知到的任何事物，都不可能是你。

　　「水手」鮑伯・亞當森老師指出，我們知道自己存在——關於這件事，我們沒有疑問。嗯，我們知道自己存在的唯一途徑，就是我們覺知到自己存在。我們錯誤地相信我們對自己存在的覺知，是從

心智或身體而來,但那不是真的。讓我們意識到自己存在的那個覺知才是真正的我們,而不是心智或身體。

想像你沒有身體或心智,一下下就好。

拿走你的身體。

拿走你的心智。

拿走你的名字。

拿走你的生命故事,也就是你整個過去。

拿走所有的記憶、信念,以及所有的念頭。

然後留意看看,剩下的是什麼。

剩下的,就只是覺知。

「如果有人把我們的注意力吸引到寫著這些文字的白紙上,我們會突然覺察到它。事實上,我們一直覺知到紙的存在,卻沒有意識到這一點,因為我們把注意力全部集中在文字上。覺知就像白紙一樣。」

魯伯特·斯皮拉,出自《對覺知的覺知》

　　覺知始終像白紙一樣，存在我們生活的背景中。我們經常把全部
的注意力集中在心智、念頭、身體和覺受上，因為它們非常容易攫
取注意力，但沒有了覺知去覺察它們的存在，我們就無法經驗到心
智和其念頭，或是身體和其覺受，就像如果沒有紙作為背景讓字印
在上面，我們無法看到任何文字。

「將你的注意力放在背景上，即使只有一些些，你都會發現一個全新
的世界。」
海爾‧多斯金

「覺知是經驗最明顯的元素，卻最常被忽略。」
魯伯特‧斯皮拉，出自《對覺知的覺知》

「被忽略的那件隱微的事，就是我們都是直接經由覺知而知道萬事萬
物的，但大家都假定我們是透過心智而知道一切事物的存在。例如，
一般會說『我想』，但事實上，如果仔細檢視，會注意到有個對『思
考／想』這件事的覺知……所以『思考』不是你，而是有某樣東西覺
知到『思考』這件事。」
大衛‧賓漢，出自意識電視臺

　　透過你的眼睛在往外看的就是覺知！透過你的耳朵在聽的就是覺
知！沒有覺知，你不會覺察到你看、聽、嘗、聞或觸摸到的一切，
不會經驗到透過你的感官進來的任何資訊。你的感官不會覺知，是
覺知覺察到你所有的感官。

「我們用來看東西的儀器本身是沒有生命，沒辦法去看見的。望遠鏡後面如果沒有一個天文學家根本沒用，它沒辦法自己看見任何東西；同樣地，心智這個儀器自己也看不見任何事物。」
法蘭西斯・路西爾，出自《沉默的芳香》

「你就是那個覺知到一切的覺知。」
大衛・賓漢

「這個個體意識——感覺『我是一個人、一個分離的個體、一個被局限在一具身體之內的心智或靈魂』——只是一種想像，是我們的純粹意識『我是』的一個錯誤而扭曲的形式，然而，它卻是所有欲望和痛苦的根本原因。」
麥克・詹姆士，出自《快樂與存在的藝術》

「我們想像自己所是的那個『我』，不過是另一個念頭。」
卡雅妮・勞瑞

「我們真正的本質，那個我們所是的無限的真實自我，不過是我們減掉心智而已。」
萊斯特・雷文森，出自《快樂是免費的》第一～五冊

心智藉由一層一層地疊上由念頭和信念構成的紗，扭曲了我們所見的世界。每一層心智的紗都進一步扭曲這個世界，讓我們看不見一切事物真正的模樣。

「心智絕不會發現你是誰，因為它是真正的你的遮蓋物。只有放掉心智，你才會發現自己是誰。」
萊斯特・雷文森，出自《快樂是免費的》第一～五冊

試著用心智看見真相，就像試圖戴著眼罩看見某樣東西。你必須拿下眼罩才能看見，正如同你必須放掉心智，才能看見真正的你。

「試圖用心智了解意識，就像試圖用蠟燭照亮太陽。」
穆吉，出自《白火》第二版

我們大部分人甚至沒有意識到，自己一直聚焦在從心智而來的吵雜念頭上。覺知始終存在，但是當吵雜的念頭中間有個暫停的空檔時，會更容易注意到它。當念頭止息，我們會有意識地覺知到覺

知，它一直無聲地存在背景之中。

心智的遮蓋物

「我們如此習慣於透過自己的麻煩、戲劇性事件和執念來知道自己，
以至於清醒覺知，也就是我們的真實本質和我們的本初善，難以被接
受為我們的真實身分。」

洛可・凱利，出自《轉變為自由》

　「清醒覺知」是洛可・凱利對覺知的稱呼，而這只是過去和現在
許多導師用來描述你之所是的不同名稱之一：覺知、清醒覺知、意
識、宇宙意識、存有、佛性、基督意識、神意識、靈、自性、無限
存有、無限智慧、不受限制的存有、真實本質、真實自性、神的臨
在、臨在、臨在覺知、純粹意識、純粹覺知等等。這些字眼都在描
述同一樣事物——你所是的覺知。

「我們如此聰明，我們的人生如此複雜，以致很難相信只要發現清醒
覺知就可以解決我們的痛苦，也難以相信最重要的發現已經在我們之
內。我們不必踏上一段漫長的探索之旅，去找到它、取得它或發展
它。」

洛可・凱利，出自《轉變為自由》

「好笑的是，它如此簡單。」

彼得・勞瑞

　　這很好笑，因為我們的真實本質，那個比呼吸更靠近我們的東西，已經不為大部分人所注意好幾千年了。

　　我們錯過了最簡單、最美好的發現，因為我們的念頭發揮了催眠效果，讓我們困在自己的腦袋中，而沒有注意到覺知。我們經常把注意力完全放在心智裡的念頭，以及我們透過感官感知到的一切事物上，而因為注意力轉移，我們便遺漏了一直存在的那樣事物——覺知。

「身體或心智沒有任何問題，唯一的問題是我們認為觀察的臨在，亦即意識，等同身體或心智。只要我們認為這個觀察的臨在便是身體和心智，就沒有空間讓這個臨在輝煌地顯露自身。」
法蘭西斯・路西爾，出自《沉默的芳香》

「脫掉人格面具一會兒，它不過是一件衣服，因為穿了許多年而磨損，破舊不堪了。」
潘蜜拉・威爾森

「相信我們的自性——光亮、敞開、空無的覺知——與心智和身體有著同樣的限制和命運，就如同相信銀幕與電影中的角色有著相同的限制和命運。」
魯伯特・斯皮拉，出自《愛的灰燼》

「人們認為自己是人類，但他們是無限存有。他們錯認自己的身分，

但他們的真實本質從未離開，始終存在。」
大衛・賓漢

你的心智只在你有個念頭的時候出現，那個念頭結束之後，心智就消失了。但是，覺知從來不會出現和消失，它一直存在，即使在你睡覺時。**感覺**好像覺知在你睡著的時候消失，然後在你醒來後再次出現，但你會知道你晚上睡得很好，是因為你說了「我睡得非常好，睡得像個嬰兒」這樣的話。你怎麼知道你睡得像個嬰兒？你之所以知道，是因為在你睡著的整段時間裡，覺知都在覺知，一直存在。

當你問自己這個問題：「我有所覺知嗎？」覺知馬上就被注意到了。它沒有出現，而是始終存在。你只要把注意力從**思考**移開，放在**覺知**上，就會有意識地覺知了。

除了覺知，其他所有事物最終都會結束或死亡。所有物質事物都會來來去去、出現和消失，無一例外。地球上的每樣事物——身體、城市、國家、海洋——出現了，最終都會消失。花點時間想一想，你就會發現沒有什麼是會留下的。一切都是短暫存在，就連地球本身、太陽、太陽系，甚至宇宙都是。沒有什麼事物會永遠在這裡，除了一樣東西——覺知。你，覺知，會永遠存在！

我們的身體會變老，然而當人們上了年紀，他們會說不覺得自己有變老，會說覺得跟一直以來的感受一樣。他們會承認自己的身體

感覺起來有變老，但那個他們感受到的深層的自己一點也不像有變老。在沒有意識到的狀態下，他們感受到了自己真正所是的那個永恆的覺知。

「當你記得你的過去、你的童年，誰是那個記得的人？我記得。『我』是知道此經驗、記得此經驗的那個。」
狄帕克・喬布拉醫學博士

　　我們在五歲、十五歲、三十歲、六十歲時用來稱呼自己的「我」，是觀察了我們整個人生的那個永恆的覺知。

　　五歲時：「我……很快要去上學了。」
　　十五歲時：「我……等不及要畢業了。」
　　三十歲時：「我……才剛訂婚。」
　　六十歲時：「我……還沒準備好要退休。」

「自我了悟是看見生命表面一直變化的外貌，在一個人真正所是且一直都是的那個永恆、始終穩定的覺知中出現。」
大衛・賓漢，出自意識電視臺

「這不是童話故事。這件可能的事就像樹一樣真實，像政治、像把樹固定在土地上的根一樣真實，像報紙和刊登其上的故事一樣真實。它像職棒紅襪隊、像瓦斯費、像你和姻親吵的架一樣真實，像學費帳單一樣真實……事實上，它比這些事物更真實，卻幾乎看不到、幾乎感

覺不到，更不用說直接被知道了。」
揚・弗拉澤，出自《打開門》

「我們沒有一個人不是直接接觸和擁有一個全然完美、一直存在、極
其喜悅及永恆的無限存有；我們沒有一個人不是此刻就直接接觸到
『那個』！但由於錯誤的學習、由於多年來採取限制性觀念、由於向
外看，我們遮蔽了自己的視野。我們用『我是這具肉體』或『我是這
個心智』或『因為這具肉體和心智，我有很多很多問題和麻煩』等觀
念，覆蓋住我們所是的這個無限存有。」
萊斯特・雷文森，出自《快樂是免費的》第一～五冊

「這是和大多數宗教所指的『解脫』或『救贖』同樣的狀態，因為
只有在這個真正自知的狀態下，我們才能從誤認為自己是一個分離

個體、一個被局限在肉體中的意識這樣的束縛中被解放、被拯救出
來。」

麥可・詹姆士，出自《快樂與存在的藝術》

　　意識或覺知在某些宗教也被稱為神的臨在。當一個人有了神性體
驗——感覺自己被神觸碰到了——個體心智和小我會變弱，然後覺
知，或說神的臨在，就會顯露出來。有一種充滿純粹的愛、無限的
平靜、美、快樂和至喜的感覺，這種感覺不會被誤認成任何東西，
只可能是神性。

「事實上，我們是無限存有，而不是人類。我們是有著人類經驗的無
限存有。」

大衛・賓漢

　　在很多方面，生命的真相和我們的真相其實跟我們一直以來被
教導的剛好相反。我們必須轉而向內看，而不是往外在世界尋求快
樂、滿足、答案和真相，因為只有往內在這個方向，才能找到我們
在追尋的一切。我們那令人屏息的世界，以及當中的一切，應該要
被盡情享受，但覺知——你的真實本質——所是的快樂、喜悅、
愛、平靜、智慧及自由，只能在你內在找到。

第二章摘要

- 單單一個信念就讓我們無法取得最重大的發現 —— 那個信念就是「我們是自己的身體和心智」。

- 你不是你的身體；你的身體是你用來經驗這個世界的工具。你的身體沒有意識。

- 相信你是你的身體，創造出人類最大的恐懼——對死亡的恐懼。

- **真正**的你是不會死亡的。

- 你不是你的心智，心智只是念頭。沒有念頭，就沒有心智。

- 你不是一個念頭、感覺或身體覺受，因為如果你是，那麼當它們消失時，你也會消失。

- 你的身體和心智共同組成所謂的人 —— 想像的自我。

- 「人」是你所經驗的，而非你所是的。

- 只要我們緊抓著「我只是一個人」這個信念不放，就永遠無法擁有真正持久的快樂。

- 你**經驗**到身體、**經驗**到心智，擁有作為一個人的**經驗**，但它們不是你。

- 我們透過持續不斷的限制性想法，假裝自己是個渺小、有所局限的人。

- 真正的你是**不受局限**的，這意味著絕對沒有任何事物有力量掌控你。

- 你的整個人生都在覺知，覺知是你人生中唯一不變的事物。

- 那個覺知就是**真正的你。你就是覺知。**

- 沒有覺知，你根本無法知道或經驗生命中的任何事物。

- 不是心智或身體覺知到你的生命。覺知到你擁有的每一個生命經驗的，是覺知。

- 想像你沒有身體或心智、名字、生命故事、過去、記憶、信念或念頭，剩下來的，就是覺知。

- 我們經常把注意力完全放在念頭和我們感知到的一切事物上，所以遺漏了一直存在的那樣事物——覺知。

- 覺知一直存在，即使在你睡覺時。

- 當你問自己這個問題：「我有所覺知嗎？」覺知馬上就被注意到了。它沒有出現，而是始終存在。

- 除了覺知，其他所有事物最終都會結束或死亡。

- 我們在每個年紀用來稱呼自己的「我」，是觀察了我們整個人生的那個永恆的覺知。

- 我們必須轉而向內看，而不是往外在世界尋求快樂，因為只有往內在這個方向，才能找到我們在追尋的一切。

第三章

持續揭開

你**是**覺知。你不是一個**覺知到**某樣事物的人,你就是無限覺知本身。

如同法蘭西斯·路西爾所言,沒有天文學家透過它來看東西,望遠鏡不過是一項儀器。你的身體和心智也是儀器、工具。那麼,是什麼透過你的眼睛在看呢?是你,覺知!是什麼在聽聲音呢?是你,覺知!你的身體因為覺知而有了生氣——事實上,覺知是讓你的身體活躍起來的生命力。

「相信是人在經驗覺知是個根本錯誤。這是不正確的,只有覺知知道、覺知到事物存在,因此只有覺知才能經驗覺知。當我問你:『你有所覺知嗎?』你會停下來檢視自己的經驗,然後回答:『有。』那個『有』就是在肯定覺知覺知到它本身。不是身體或大腦經驗到覺知這件事,身體和大腦是被經驗的,它們自己不會經驗。」
魯伯特·斯皮拉,出自「意識之光」這場演講

只有唯一的一個：
我們的名字是「我」

「只有覺知知道、覺知到事物存在。人類沒有覺知到，狗和貓沒有覺知到，動物沒有覺知到，唯有覺知覺知到。只有一個覺知，就像宇宙中只有一個空間。那個覺知在我們每個人的心智中折射，因此，每個人的心智似乎有其自己的覺知，就像每棟建築物似乎都有它自己的空間。但是，我們每個人的心智用來覺知到自身經驗的那個覺知是唯一有的覺知，無限覺知，就像所有建築物裡的空間是同一個空間。」
魯伯特・斯皮拉，出自「覺知是唯一存在的覺知實體」這場演講

　　這個無限覺知——這個唯一的覺知——是**你**，以及其他每一個人！只有一個覺知，而且這是透過每個人運作的同一個覺知。只有一個我們。我們的名字是「我」。

「只有一個『我』，而且你是它，每個人都是它。」
大衛・賓漢

　　這是透過每個生命形式運作的那個覺知，所有的物質形式不過是那一個輝煌的無限覺知的不同載具。此為「我們是一體的」這個教導的真正意義。

　　意識和覺知是用來描述同一樣事物的不同字眼，兩者都是在描述你。

「這個非常平凡，此刻正聽見這些話並理解它們的意識，剛好也是那個活出所有生命的神聖意識。整個宇宙中沒有一個分離的個體。」
法蘭西斯・路西爾，出自《真，愛，美》

「我們是一體的。我們當中只有一個。我們只有一個。」
穆吉，出自《白火》第二版

這有點像是好幾兆個單獨的細胞在你體內生活、工作和運作，每一個單獨的細胞都不知道，它們其實是同一個人的一部分。這個世界上有數十億人，以個體的身分運作，而大多數人都不知道，他們是那個唯一的無限存有。

「我們一直被教導要去相信這個意識是個人的、受限的，每個人都被賦予一個私人的、單獨的意識，因此會有很多意識。我們從沒想過，證明兩個物體是分離的很容易，因為我們能看到它們的邊界和界限，但要找到意識的任何邊界或界限是不可能的。」
法蘭西斯・路西爾，出自《真，愛，美》

如果只有一個覺知或意識，那你為什麼沒有覺知到其他人的念頭或身體覺受？或是覺知到非洲某隻動物看到或聽到什麼？那是因為覺知或意識一直都是經由你的心智輸送，使得它被局限在你的身體。此外，認為自己是一個分離個體的信念也讓你無法經驗到覺知的廣闊。但是，當你感受到對他人的憐憫或愛，你就比你所了解的更與那個覺知調頻一致了。

我們都曾在人生中瞥見自己所是的覺知，卻常常把它當成是想像的或心智的把戲。無論是否記得，我們都有過無法解釋的經驗，那些經驗常常發生在我們小時候——可能是覺得自己擴張到非常非常大，感覺好像整個世界在你之內，或者，你也許看到或聽到沒有其他人看得見或聽得到的事物。

小孩子比較容易與覺知調頻一致，因為他們的心智還沒有用大量的觀念和信念蓋住覺知。兩歲半以前，孩子是純粹、簡單的覺知，沒有經驗到自己是分離的、單獨的，所以提到自己時都用第三人稱。看到自己照片的時候，兩歲的莎拉會指著照片說：「那是莎拉！」她不會說「那是我」，因為她還沒**經驗到自己**是「我」，一個分離的、單獨的人。她的經驗是只有「一」，而她就是那個一，其他所有人也是。

「那裡沒有其他事物，只有我們的意識。只有一個意識，而我們就是那個意識。」

萊斯特・雷文森，《快樂是免費的》第一～五冊

覺知或意識是在你全身各處和你身體之外的每個地方；覺知無法被容納在你身體之內，因為它沒有形狀。這就好像試圖把空間放進罐子裡——空間當然是同時在罐子內和罐子外的每個地方。事實上，罐子是**在空間裡**，就像所有的身體都是**在覺知中**。所有事物全都被容納在覺知裡，而這就是為什麼開悟的人經驗到的生命是「我是一切」——因為他們**就是**一切。而你也是覺知！

「在你的眼睛後面的是同一個意識，那個在耶穌、佛陀、克里希納及所有人眼睛後面，唯一的意識。」
我的導師

想想看，你的意識和所有偉人的意識是同一個，那你和他們是多麼接近啊。他們和你之間並不遙遠，你和他們是一**體**的。

「其中的奧祕、神奇之處在於，這個我們視為理所當然、甚至否認其存在的平凡意識，剛好是宇宙本身的意識，它真正的中心。」
法蘭西斯・路西爾，出自《真，愛，美》

如何保持覺知

沒有任何過程可以讓你變成你所是的覺知，這不是你必須去獲取的事物，不是某些人有、而你沒有的東西。你**已經是覺知了**，現在就是。你也許忽略了它，也許一輩子都相信自己只是一個人，但那並不會改變你真正是誰這個事實。

「你可以失去其他所有事物，但你絕不會失去你所是的覺知。」
穆吉，出自《比天空更廣闊，比太空更大》

當一個人以自己是無限覺知這樣的認識過生活，那麼，活在物質世界就會變成令人屏息的經驗。因為他們的心智會退到背景，覺知變成在前景，他們不再被心智的騷動支配，所以一直很輕鬆、很快

樂，而且經常笑。他們存在純粹的快樂及至喜之中，每天都那樣過日子。問題幾乎不存在，夢想的一切都來到身邊，而且因為他們有意識地以覺知的身分過生活，所以充分覺察自己的不朽。他們明白自己就是一切，但知道自己不會被任何事物影響。地球上的生活沒有比這個更好的了！

「每件你做或看到的小事——每一件普通的小事——都帶著這個令人激動的存在感。有時候，很難不為最平淡無奇的事物哭泣。牆壁的線相較於地板的平面，它的水平狀態；地毯的絨毛、經過的車子的聲音、你手臂皮膚的味道，一切都很神奇。」

揚・弗拉澤，出自《打開門》

　　但你必須自己去經驗。從別人那裡聽來的算是引導，告訴你正確的方向。就像旅行社向你描述聖母峰的模樣，但除非你到了那裡，自己親身經歷，你才會知道聖母峰長什麼樣——直到那時你才會知道。

「事實上不可能不以這個意識的開放空間持續存在，然而，要有意地成為它又是另一件事了。」
法蘭西斯・路西爾，出自《沉默的芳香》

「你不會在覺知之外——它會被忽略，單純是因為把注意力放在思考這個習慣。」
彼得・勞瑞

　　我們可以把注意力放在腦袋裡的念頭，或是放在我們所是的覺知上。這是注意力的簡單轉換。盡可能經常把注意力放在覺知，而不是放在思考上，你就能走上通往絕對的自由和至喜的路了。

覺知練習：
通往至喜的三步驟

　　覺知練習是我持續用來練習有意識地保持覺知的。這個練習不是要**變成**覺知，因為你已經是覺知了；這是要讓你可以有意識地以你所是的覺知過生活。通往全然的自由和持久且充滿至喜的快樂，只要三個步驟。

步驟一：問問自己，「我有所覺知嗎？」

步驟二：注意覺知。

步驟三：保持覺知。

步驟一：問問自己，「我有所覺知嗎？」

不要試圖用心智回答這個問題，思想無法幫助你經驗覺知。每次問這個問題時，你的注意力會被帶離思考和心智，放到覺知上。當你問：「我有所覺知嗎？」覺知立刻就在了。之後心智也許很快會因為一個念頭而進來，但如果這樣，只要再問一次這個問題。愈是問這個問題，你就愈能以覺知存在，你的思想和心智也會變得愈來愈安靜。

「注意，雖然心智不斷改變，卻有個不變的背景。」
海爾・多斯金

問了「我有所覺知嗎」之後，你最有可能感受到的第一件事，就是一種解脫感，因為你在心智和身體緊抓不放的任何抗拒都開始消融。反覆問這個問題，一段時間後，解脫感會變成一種微妙的充滿平靜的快樂。你也許會感受到一股寧靜，因為你的心智變得安靜；你也許會感受到喜悅之流穿過你心臟周圍的區域。

你感受到的解脫是因為你的心智退到了背景。心智在背景、覺知在前景的時間愈長，解脫的程度愈大，你就會開始感受到愈多快

樂。當覺知永久維持在前景,至喜就會到來,而心智會被分派到它正確的位置上。

要記得,覺知沒有形狀,所以不是你可以抓住的東西。它就像愛,你知道愛存在,但你能抓住愛嗎?你可以在心裡感受到愛,但你無法把它抓在手裡。覺知也一樣。你會因為覺知而在身體裡體驗到解脫和快樂的感受,但你無法握住或抓住覺知。

因為習慣思考,想要有意識地保持覺知一開始看起來很困難。

「這個一被注意到了,我們可能會再問:『我有所覺知嗎?』用這個方式邀請心智遠離認識或經驗的對象,轉移到它的本質或源頭。」
魯伯特‧斯皮拉,出自《對覺知的覺知》

要打破不斷思考的習慣,方法就是成為你所是的無限覺知。你無法運用心智讓心智停下來並打破思考的習慣,這就是很多人靜心失敗的原因,因為他們試圖用心智來讓心智安靜下來,而不是允許念頭來來去去,不給它們任何關注。

大多數人幾乎都無法從心智解脫,因為心智不斷產生一個又一個念頭,而他們不了解自己可以將注意力從念頭上移開。脫離心智是一種極其美好的解脫,當你可以觀察自己的念頭,而不是被引誘去聽從和相信它們時,這種狀態就到來了。

步驟二：注意覺知

花了相當短的時間練習步驟一之後，你會來到自動注意覺知的階段。你不再需要問「我有所覺知嗎」，因為在你想到覺知的那一刻，覺知會立刻在前景，你的心智則退到背景裡。

「允許覺知的經驗進入經驗的前景，然後讓念頭、意象、感覺、身體覺受和感知退到背景裡。只要注意覺知的經驗就好，所有人渴望的平靜和快樂都在那裡。」
魯伯特・斯皮拉，出自《對覺知的覺知》

透過一天留意覺知好幾回，把注意力轉移到覺知上。不久之後，你就會在每次從心智的騷動回到覺知的深刻平靜時，感受到一種強烈的解脫感和快樂。

「每個時刻都有岔路：成為你所是的，或成為你所不是的。每一秒，你都在選擇。」
我的導師

如果你覺得你的心智好像掩蓋了覺知，或者覺得自己弄丟了覺知且拿不回來，問問自己：「是什麼覺知到覺知弄丟了？」覺知到這件事的就是覺知！接著，你就會覺知到覺知了。

如果你還不認為自己已經能夠發現覺知了，問問自己：「是什麼

覺知到我還沒發現覺知？」覺知到這件事的也是覺知！現在，你覺知到覺知了。

「你已經是覺知本身了，不是那個試圖去覺知的人。」
穆吉

你此刻有覺知到自己的身體嗎？覺知到你的身體的是覺知。你有覺知到你正坐著的座位嗎？覺知到座位的是覺知。你有覺知到自己的呼吸嗎？覺知到你的呼吸的是覺知。就是那麼簡單。

「無論何時，只要想到，就把自己帶回對當下的覺知上。每天做個幾百回，因為，要記住，你所有的力量就在你對自身力量的覺知中。」
出自《祕密》

步驟三：保持覺知

「一開始，你覺得自己像是覺知的訪客，但是當你持續發現覺知的真實性，任何恐懼或分離的感覺就消融了。」
穆吉

保持覺知關乎你將注意力放在哪裡，我的導師推薦了一個思考這件事的簡單方法。我們心智的運作方式類似相機的鏡頭，它有個自動對焦的功能，會把我們的注意力聚集在事物的細節上，就像你會用相機的鏡頭將景物放大，來個特寫。心智大部分時間是靠近事

物，我們透過聚焦的注意力看世界，導致對這個世界的觀點非常狹隘且扭曲。但是，當你想幫一個完全開放的空間拍照，你會遠離景物，將鏡頭盡量打開，好拍到廣角照片；同樣地，如果你將注意力打開，讓自己不再聚焦於任何細節上，覺知就顯露出來了。這是保持覺知，並讓每樣事物如其所是的簡單方法。

要實踐這個方法，現在就看看四周，找近處的某樣東西來聚焦，然後只把你的注意力聚集在那樣東西上——如果你想要，可以使用你的手。現在，把注意力打得非常開，盡可能將周遭事物都容納進來，而不要聚焦在任何特定事物上。留意體內立刻出現一種解脫和放鬆的感覺，這是因為我們的心智不斷在聚焦，而要維持那個焦點很費力，所以，當你盡可能將注意力打開，心智便消融到背景中，覺知就進入前景了。你會感受到解脫、如釋重負，是因為覺知是**毫不費力的**，它不需要聚焦，就能看見和知道一切。

「那個你誤以為自己所是的人、那個想要讓事情發生的人一點力量也沒有，卻在說著：『我需要處理一些事。』在處理一切的，是覺知。」
我的導師

「你愈不相信自己是個行動者，愈能永遠成為這世界上一股不可阻擋的力量。」
海爾·多斯金

我曾經是個大行動者，以自己的做事能力、一次可以處理好幾件

事為豪。這變成我的身分認同，我是行動之后！而因為我相信自己是這樣的人，宇宙當然就給了我源源不絕的事情去做。

但是，在我放掉我相信的我，以我所是的覺知存在後，那些全都改變了。我不只比以前更快樂，而且反而不必一直做、做、做，事情似乎自然就被處理好，不用我去做；如果我最後還是做了某件事，感覺甚至像我沒做一樣，毫不費力。人生變得像奇蹟般不可思議！

一天至少花五分鐘，將注意力放在覺知上。你可以在一早醒來的時候、上床睡覺的時候，或是其他任何你覺得合適的時間做這件事。如果你像我一樣專心致志於擁有奇蹟般的人生，你會更常將注意力放在覺知上，但即使是一天五分鐘，也會讓你的人生有很大的不同。就是那麼簡單。

記住，這不是要練習成為覺知——因為你已經是無限覺知了——而是要練習停止認同你所不是的心智和身體。

「一開始，要持續回到欣然接納的臨在似乎要花點力氣，但是到了某個階段，這件事變得如此自然，以至於要費點力才能離開它。感覺就像家一樣。」
法蘭西斯・路西爾，出自《沉默的芳香》

你會到達某個階段，那時你確信自己是在神性領域，或者對那些

比較喜歡用「神」這個字的人來說，是在神的面前。而在神的面前或處於神性領域，就是超越心智。

「當你失去小我之眼，就會用神的眼睛來看了。」
穆吉

執行這些步驟一段時間後，你會發現覺知在你之內自動變得更具主導地位、更常在，你的心智則變得安靜多了。其他可以看出你做得如何的跡象包括：你的人生將變得比較容易、比較不費力；你會感覺比較平靜，過去曾困擾你的事將不再造成困擾；你會覺得較為冷靜，情緒變得更加穩定，發現自己不是那麼容易被負面情緒捲走。事實上，你會開始體驗到之前沒有感受過的快樂，會變得更敏銳地覺知心智容易抱怨、批評及聚焦在負面事物上的傾向，還會發現自己不再像從前那樣讓心智有力量控制你，因為你已經將注意力從自己的念頭上移開了。

「知道自己是完美的自性，而不是這個有所局限的身體和心智，所有問題馬上就消解了。」
萊斯特・雷文森，出自《快樂是免費的》第一～五冊

覺知比它覺知到的每一樣事物都要大。人有所局限，但覺知是無限的，這代表一**切**都有可能。沒有任何事物可以限制你，沒有任何事物可以掌控你！

「我們似乎經驗到一個有限的意識，但是當我們更仔細地審視，就會知道那是不可能的。覺知到限制的那個超越了限制，因此是在限制之外。」

法蘭西斯‧路西爾，出自《沉默的芳香》

　　沒有任何事物可以妨礙覺知！沒有任何問題可以擾亂你。負面事物無法傷害你，戰爭無法影響你，身為覺知的你始終很平安、安好。你是無法擊敗的、無法傷害的、永存不朽的。有什麼可以威脅到你？你容納一切，你就是一切。盡你所能，開始透過時常把注意力放在覺知上，以你所是的覺知持續存在，這樣你就可以過著不可思議的人生。

「那麼，你就不會再被這個世界表面上的種種限制愚弄了。你會把它們當作一場夢、一個表象，因為你知道你自身的存在是沒有限制的。」

萊斯特‧雷文森，出自《快樂是免費的》第一～五冊

第三章摘要

· 你是覺知，而不是一個**覺知到**某樣事物的人。

· 沒有天文學家透過它來看東西，望遠鏡不過是一項儀器、工具，而你的身體和心智也是覺知的工具。

· 只有一個覺知，而且這是透過每個人運作的同一個覺知。

· 你沒有覺知到其他人的念頭或身體覺受，是因為覺知一直都是經由你的心智輸送，使得它被局限在你的身體。

· 覺知或意識是在你全身各處和你身體之外的每個地方。

· 我們可以把注意力放在腦袋裡的念頭，或是放在我們所是的覺知上。盡可能經常把注意力放在覺知上。

· 覺知練習
步驟一：問問自己，「我有所覺知嗎？」
步驟二：注意覺知。
步驟三：保持覺知。

· 要徹底打破心智那種不停思考的習慣，就是以你所是的覺知持續存在。

· 透過一天留意覺知好幾回，把注意力轉移到覺知上。

· 保持覺知的簡單方法：將注意力如同相機鏡頭那樣大大地打開，讓自己不再聚焦於任何細節上，覺知就顯露出來了。

‧ 練習一下，找近處的某樣東西來聚焦，然後只把你的注意力聚集在那樣東西上。現在，把注意力打得非常開，盡可能將周遭事物都容納進來，而不要聚焦在任何特定事物上。

第四章

你正在做夢……
該醒來了

根據許多靈性導師和古老傳統的說法，我們整個世界、你的人生，以及其他每一個人的人生，都不過是一場夢。他們不是說我們的世界和其中的一切都**像**一場夢，而是說它真的是由和夢一樣的物質所組成，也跟夢一樣虛幻。當你永久保持覺知，你就會確知你的人生和這個世界不是你以為它們所是的實相；它們就是一場夢。

　　「這個人生是一場夢，我們正在做夢，夢見自己是一個人，住在一個我們信以為真的世界裡。我們沒有意識到這全是一場夢，現在看到的整個世界不過是一個從未存在的夢幻泡影。真相就在外在世界的後面。」

萊斯特・雷文森，出自《快樂是免費的》第一～五冊

　　「我們應該接受『這是一場夢』的可能性，而當我們這麼做時，一切都會戲劇性地改變。結果真的會是這樣。如果這個清醒的經驗被視為一場夢，那麼我們的行為會改變，而且我們會發現，這場夢裡的角色的回應或狀況也會改變。」

法蘭西斯・路西爾，出自《沉默的芳香》

　　「我們此刻就在一個清明夢裡，而這個夢的一部分，是我們所謂的心智、身體及宇宙。」

狄帕克・喬布拉醫學博士

「這個夢是連續不斷的，所以人們幾乎不可能從中醒來。」

我的導師

　　在你夜晚的夢裡，你的心智創造了你的身體、其他人（有些你認識，有些不認識）、城市、城鎮、房子、交通工具、食物、物品、樹木、大自然、動物、太陽、星星及天空。它也創造了時間的流逝、白天、晚上、人聲、聲音，以及發生在你夢裡的每個狀況和事件。你的心智創造了一整個世界，創造了夢境版本的你，而且讓一切看起來如此真實，你甚至不會去懷疑——直到你醒來！只有在那個時候，你才會意識到那是一場夢。

「你也許已經注意到一件關於夢的重要事情：夢裡的『你』幾乎總是沒有意識到這是一場夢。這是做夢很諷刺的地方：夢裡的角色自動假定自己清醒得很！夢中角色並不是清醒的，夢裡的經驗也不是真的，但是在夢中，這兩件事沒有一件被注意到。留意關於夢的其他事。對夢中角色來說，除了夢以外，什麼也沒有，他們不知道還有另外一種真正的清醒，不知道自己遺漏了什麼。」

彼得・祖班，出自《只是留意》

「當夜晚做夢時，一切看起來都是真的。看見老虎會害怕，因為我們不知道這是我們創造出來的；如果知道自己不可能害怕，我們還會怕嗎？這說明當我們經歷幻相時，它看起來會非常真實，儘管如此，當我們覺知它虛幻的本質就會了解，從頭到尾都是我們在創造這個幻相。」

法蘭西斯・路西爾，出自《真，愛，美》

　　即使你完全覺知這個世界是一場夢，你仍然尊重它的物質性、尊重你的物質身體。你不會跑去跳樓，因為大樓、地面、你的身體和重力都是由同樣的夢境材料做成的，而且你會感覺到！如同一位導師說過的，如果你在夢裡走過來捏我，我感覺得到，因為那是夢境的捏！

「在夢裡，十年可能會在一分鐘內過去。你也許有個寶寶，接著就變成幼童，你帶他去學校。醒來的時候，你知道夢裡的那個身體是幻相，它經歷的時間也是幻相，但從夢的角度，它看起來是真的。」
法蘭西斯・路西爾，出自《沉默的芳香》

「如果以夢境狀態為例，也許有一個夢涵蓋了五十年的時間，但我們醒來後了解到這實際上並沒有發生。它只有在認同意識的夢境狀態時才會看起來像真的。此外，清醒狀態也不過是意識製作的一齣極端有

說服力的戲。」

大衛・賓漢，出自意識電視臺

「物理定律適用於這個清醒的夢，在夜晚的夢裡，物理定律是不一樣的。這就是為什麼你夜晚可以飛翔！」

法蘭西斯・路西爾，出自《沉默的芳香》

無論這個「地球」夢裡發生了些什麼，所有人的結局都一樣：我們醒來，發現這全是一場夢！這就是為什麼很多靈性導師都告訴我們要「覺醒」。這意味著從幻相中醒來，並且領悟到那全是一場夢。當我們意識到真相，會發現從來沒有人受到傷害或損害、從來沒有人死去，就像你從惡夢中醒來嚇得半死，接著你會鬆了一口氣地了解到，實際上沒有人受傷，也沒有不好的事發生，那只是一場夢而已。

「如果你去看電影，看到一個戰爭和受苦的畫面，之後能夠說『多麼美好的畫面啊』，那麼，你或許也能把這個人生當作一場宇宙電影。準備好迎接每一種可能來到你面前的經驗，領悟到這些不過是夢而已！」

帕拉宏撒・尤迦南達，出自《人的永恆追尋》

「把這個世界看作一場夢是個很好的練習，這有助於打破其表面上的堅實性。」

法蘭西斯・路西爾

覺醒

「最美好的療癒，是從我們所不是的醒來。」
穆吉

「這就像把眼睛從一樣東西移到另一樣東西上，那麼隱微，好像呼氣一般。當你準備好，你就會去做。別告訴自己你永遠不會準備好，別告訴自己這是不可能的。這正在你周遭發生，發生在像你這樣的人身上。那些人不再憂慮、煩惱，他們以前會的；他們還是過著自己的日子，充滿喜悅；無論發生些什麼，他們的生活都輕鬆不費力。不要羨慕他們，不要懷疑他們，自己成為那個樣子。你將感到欣喜，然後你會無法理解你為什麼讓自己持續另一種生活方式那麼久。」
揚・弗拉澤，出自《打開門》

　我可以很肯定地說，我這一生沉睡了好幾十年。我知道自己是睡著的，因為我可以準確指出我是在哪一天的哪一個時刻、在怎樣的狀況下第一次醒來！從那時候起，我就有了許多小小的覺醒，以及另一次重要覺醒。覺醒就像從霧中走出來，當霧突然消散，你就能清楚看見一切。

　有些人是在躺在沙發上的時候、穿越停車場去開車的時候、聽到鳥叫聲或某個導師說的話的時候，或是閱讀特定的某樣東西的時候醒來；許多人則是在經歷某件可怕的事，或是在人生谷底遭遇個人危機時醒來。而對他們所有人來說，只有在醒來時他們才領悟

到——他們睡著了。

「大部分人都是睡著的，即使他們自己不知道。他們出生就處於沉睡狀態，然後在沉睡狀態中過生活、在沉睡狀態中結婚、在沉睡狀態中養育孩子、在沉睡狀態中死去，從來沒有醒過來。他們過著機械般的人生，有著機械般的想法——通常是別人的想法——機械般的情緒、機械般的行動、機械般的反應。他們從未了解我們所謂的『人類存在』的魅力與美好。」
戴邁樂，出自《覺知：與大師對話》

我們的心智是機械化的，就像電腦裡的程式一樣，所以如果我們被心智掌控，人生就會變得機械化。也許你會持續發現自己沒有足夠的錢，這是因為有個機械般的心智不斷在重複同一個念頭：「錢不夠。」你透過相信這樣的念頭賦予它力量，所以你會持續經驗「沒有足夠的錢」的狀態。這就是心智的限制性想法的工作成果，然而，覺知則是絕對的豐足。

當你醒過來，開始以覺知過生活，你的人生會超越你現在所能想像的一切。你會發現這個世界十分壯麗美好，充滿美與魅力，而且你會清楚看見每樣事物都在正軌上，沒有什麼不在適當位置，一切都很好。當心智掌控我們的人生，我們就無法看見這個世界的真實模樣。

小我心智對大部分事物都有強烈異議。因為自我中心及無法看見

全貌，小我心智會論斷、批評、找碴，且因其看待人生的視角有所局限，它一定會看到問題。

「你知道的，醒來並不愉快。窩在床上睡覺很棒、很舒服，被叫醒很令人生氣。這就是為什麼充滿智慧的大師不會試圖叫醒人們。如果你睡著了，我希望我夠明智，不要試圖喚醒你。那真的不關我的事，即使我偶爾會對你說：『醒來吧！』」

戴邁樂，出自《覺知：與大師對話》

我們每個人都有一個人生目的：醒過來意識到真正的自己——覺知——並享受這個世界不可思議的壯麗奇景。當你醒來，你會在這個世界**之中**，但不**屬於**這個世界，這意味著你將完全從這個世界的種種挑戰中解脫。

如同我在前一章的覺知練習三步驟中概述的，在你醒過來認識到覺知的真相後，最後一個步驟就是有意識地保持覺知，不要被拉回心智和小我之中。有些人突然醒來後就永遠保持那個樣子，而對其他人來說，覺醒似乎是一個過程。然而每個人都說，覺醒的過程會持續加深，永無止境。

「再也不可能說這跟聖人有關、這跟禪宗和尚有關、這是你必須等待一輩子才能擁有的東西；或者，這是給認真的靈修者的、是給那些不沉湎於物質生活的人、是給那些有某種信念的人……

要知道，你可以到達那種狀態、可以成為那種狀態、可以過一種無拘

無束的生活。你不必努力去獲取，或證明自己值得。它是免費的，已經在這裡了。這不是個獎賞，而是與生俱來的。」

揚・弗拉澤，出自《打開門》

醒過來意識到真正的自己，是脫離**所有**負面事物，以及通往恆久的快樂之路。這是地球上每一個人的命運，這是**你的**命運，而現在，你可以讓它成為你的人生！

意識之山

很多年前，歐洲玫瑰十字會的統帥跟我分享了一個隱喻，幫助我了解意識和覺知的層次。他稱之為「意識之山」。

如果你身處山谷中，站在一座山的山腳下，沒有辦法看得很遠。你的視角狹窄且有限，無法看到你前面或附近有什麼。你因為不知道山谷的另一邊有什麼東西，所以對未知有很大的恐懼。

隨著你往上攀登這座山，你開始注意到變化。當你愈爬愈高，你看待人生的視角也擴大了，因為你可以看得比較遠，而且視線可以越過之前你在山腳下時擋住你視野的一些東西。往上一點，事物看起來就不一樣了，因為你可以看得更清楚，而且雖然還是害怕，你也不像在山谷中那樣恐懼了。

再往上爬一點，大氣不一樣，植被也不一樣，而且你可以看得比

之前遠得多。人生在此處看起來非常不同，而且因為你現在可以看見很多之前被遮掩住的事物，你對未知的恐懼正慢慢減少。

到達山頂時，你可以看到所有方向的每一樣事物，沒有什麼會被遮住。你看見的世界及更遠處往各個方向充分開展。你可以看到山谷裡的人和他們受限的視角，而你從自己現在的位置知道，他們沒有什麼好恐懼的。此外，你也能看見處於登山途中各個階段的人，以及他們視角的不同限制。而從你所在的山頂，你可以看到所有事物全然的美與完美。你發現沒有一樣事物不在適當位置，沒有任何人需要擔心，或害怕任何事。生命的壯觀、奇蹟和奧祕展現在你面前，極其宏偉壯麗，而當山谷裡的人可以看到你所見的壯麗輝煌，他們也會獲得自由。

「站在山頂或看著星星時，我們感受到無限，那就是我們的真實本質，以及這麼多人渴望那種遼闊感的原因。」
大衛‧賓漢

「在更高的意識層次，個人心智這東西一點也不重要，因為你正站在自身存在的山頂，腳下的所有事物都是浮雲。你來到了一個一切都不重要的階段！一、切、都、不！萬事萬物都十分完美。」
穆吉，出自《白火》第二版

　　既然知道了自己是誰，你就展開了覺醒的過程！要永遠是真正的你，唯一的障礙就是你的心智。你的心智是你在物質世界最大的力量，因為它會創造出你想要的任何物質東西、事件或狀況，但如果你相信心智的負面念頭，你就會把它的創造性力量用來對付自己。心智沒什麼問題，它只有在你相信心智就是你時才會變得麻煩。

　　當你的心智試圖代表你說話時，要記住，你在腦袋裡聽到的聲音並不是你。心智甚至不是實體，而是一個過程——一個機械般的過程。它只是由念頭組成的，而其製造的念頭來自你的信念形成並保存在你潛意識心智裡的程式。潛意識心智是我們的信念、記憶、性格特質、自動化過程和習慣的儲藏庫，其運作方式和電腦沒什麼不同，完全是機械化的。

　　你的潛意識心智從意識心智，也就是你那個在思考的心智接收資訊，並且接受思考心智放進來的所有資料。潛意識心智不會去辨別

進到其中的任何資訊，而是接受**思考心智信以為真**的一切。

　　所以基本上，我們的心智根據我們的信念循環利用念頭，用那些念頭嚴重局限我們的人生，把我們拘禁起來——直到我們醒來，然後發現我們的念頭和心智不是我們！

　　「你寧願玩限制的遊戲，或者寧可自由？這個簡單的問題是把我們對作為有所局限的身心的執著丟掉的關鍵。如果你認為你是你的身與心，認為你是你告訴自己和他人的關於作為這個身心的故事，那麼，你就是寧願玩限制的遊戲。」
海爾・多斯金，出自《快樂是免費的》

　　通往自由的第一步，在於了解我們的思想創造了我們的人生。你想些什麼，就會顯化出什麼。如果你把注意力用來想著你**不想要**的事物，你**不會擁**有你想要的人生；假如你只將注意力用來想著你**真正想要**的事物，你**會擁**有你想要的人生！當你徹底了解這一點，你就會變得非常能覺知自己的念頭，而這會讓你走上覺醒的道路，因為你對自身思想的覺知不僅讓你不再相信那些負面念頭，也意味著你變得愈來愈能覺知了。

　　《祕密》的書和影片說明了你擁有透過思想創造你的人生的力量，無論是創造人生的哪一個面向——健康、關係、金錢、工作、快樂，甚至是這個世界。如果你還不了解你透過自身思想掌握的驚人力量，我建議你去買一本《祕密》，或是向朋友或圖書館借一本

來看。《祕密》已經改變了數千萬人的生命，而在醒過來意識到真
正的自己這個美好過程中，愈來愈能覺知自己的念頭是很棒的第一
步。

第四章摘要

- 這個人生是一場夢，整個世界不過是一個夢幻泡影。

- 在你夜晚的夢裡，你的心智創造了一整個世界，而且讓一切看起來如此真實，你甚至不會去懷疑——直到你醒來。

- 清醒狀態也不過是意識製作的一齣極端有說服力的戲。

- 因為我們的心智是機械化的，如果我們依從心智過生活，人生就會變得機械化。

- 當心智掌控我們的人生，我們就無法看見這個世界的真實模樣。

- 當你醒來，你會在這個世界之中，但不**屬於**這個世界。

- 意識之山是意識的一個隱喻：當你愈爬愈高，你看待人生的視角也擴大了。在山頂，你可以看見所有事物的美與完美。

- 你的心智是由念頭組成的，而其製造的念頭來自你的信念形成並保存在你潛意識心智裡的程式。

- 潛意識心智儲存了我們的信念、記憶、性格特質、自動化過程和習慣，其運作方式和電腦沒什麼不同。

- 通往自由的第一步，在於了解我們的思想創造了我們的人生。你想些什麼，就會顯化出什麼。

第五章

從心智中解脫

「心智不一定要安靜下來。重要的是不要它說什麼你就聽什麼，好像它說的都是真的一樣。」

揚·弗拉澤，出自《偉大的甜味劑：思考過後的人生》

要創造你想要的人生，你的心智是個很驚人的工具。它不是你的心理分析師或治療師，然而，當我們聽從它，且相信它所有的念頭都是真的，我們就給了它支配我們的權力。這個相信自身念頭的習慣使我們沒辦法活在自己的真實本質——覺知——的宏大和輝煌之中，我們因而無法擁有一個充滿持續快樂的人生，以及一個我們需要的一切都在完美時刻到來的人生。

人類已經因為心智受苦太久了，是時候把我們的心智分派到它適當的位置上，不再讓它支配我們的人生。當我們不再依從心智過生活，我們就會開始依從真正的自己——覺知——而活，然後，我們的人生將真正變成地球上的天堂，不會有痛苦和負面事物。

「每個你認為是『在外面』的問題，其實不過是你自己想法中的一個
誤解。」
拜倫‧凱蒂，出自《一念之轉》

「要移除負面事物，最強大的方法就是認清你不是心智。一旦領悟
了，負面事物就沒有可以鉤住的地方，自行消融了。」
海爾‧多斯金

　　大多數人相信負面情境是從外面來的，他們認為是外在世界的
人、狀況或事件導致自己生活中的負面情境。但是，沒有一樣事物
天生就是好或不好，如同莎士比亞告訴我們的：「凡事本身無好壞，
想法使然。」

　　是你對某個人、狀況或事件的想法造成你生活中的負面情境，而
不是實際的那個人、狀況或事件。因此，稍微了解你心智的運作機
制，將幫助你擺脫它錯誤的負面評斷，那麼，你就可以將心智使用
在它原本的用途上──創造你想要的人生。

「思考是用來預訂你想要的事物，而不是沉溺其中。心智是在那裡接
收訂單，然後讓你訂的東西出現在你面前。其他沒有什麼需要思考
的，因為其他的一切都被覺知處理好了。」
我的導師

「如果你從此刻開始只看見你想要的事物，那就是你會得到的，但你

卻在心智裡抓住你不想要的東西。你奮力希望除掉它們，反而讓你不想要的一切持續存在。所以，如果你想要一個正向且快樂的人生，就必須放掉負面事物，把正面事物放進來。」

萊斯特·雷文森，出自《快樂是免費的》第一～五冊

心智到底是什麼？首先必須了解的是，心智並不是大腦。大腦不會想事情，科學家還沒辦法在大腦裡找到任何念頭，他們只能看到念頭引起的電氣活動。思想來自心智，你的心智完全是由念頭組成的，如果現在沒有任何念頭，就沒有心智。就是那麼簡單。心智甚至不會同時有兩個念頭。你知道你不可能在真正傾聽一段對話的同時，去閱讀電話上的文字，你的心智不像你以為的那樣多工。

然而，當你相信時，單單一個念頭——無論是正面或負面的——就會變成發電廠。

「如果你寧願受苦，就繼續相信你那些充滿壓力的念頭吧；但假如你比較喜歡快樂，就去質疑那些念頭。」

拜倫·凱蒂，出自《轉念，佛心自在》

大多數人相信自己所想的是事實，這也解釋了為什麼對很多人來說，人生充滿壓力和挑戰。沒有人向我們指出，我們的念頭只是心智的噪音，而且它們並**不是**真實狀況；然而，如果我們選擇相信自己的念頭，它們就**會**變成我們的實相！

對我們的物質生活來說，心智是很棒的顯化器，它會顯化我們相信的任何一個念頭，無論那個念頭是正面或負面的，無論那是關於我們想要或不想要的事物。正面念頭不會危害你的人生，因為它們接近你的真實本質；負面思想才是我們遭受壓力和痛苦的原因。所以，我們必須特別覺察負面的念頭。

因為心智是機械化的，負面思考很容易就成為一個固定模式。如果你聽從並認同負面念頭，你就會被捲進去且迷失其中，彷彿處於催眠恍神狀態。你的那些念頭會不斷地把你帶進你的大腦裡，遠離外在現實。

「你相信你就是自己的心智。這是幻相，這工具已經接管你了。」
艾克哈特・托勒，出自《當下的力量》

這就好像我們正在玩一個虛擬實境遊戲，且忘記了自己有戴上頭戴式裝置。因為虛擬實境世界裡富有挑戰性的種種狀況，我們感受到壓力和痛苦；但如果我們把頭戴式裝置拿下來，就會意識到虛擬實境的世界不是真的。我們的思想也是如此。當我們相信自己的念頭，立刻就會被一部由心智製作、在我們腦中播放的虛構電影困住，再也無法經驗到這個世界的真實模樣。

「所有的念頭都是謊言，唯一真實的，是那個注意到它們的。」
我的導師

「覺知做的是觀察，念頭做的是評斷。」
魯伯特・斯皮拉，出自《愛的灰燼》

　　念頭還會引發感覺，然後那些感覺又反過來引發更多念頭。當我們有個悲傷的念頭，它會引發悲傷的感覺，而那個悲傷的感覺又引發更多悲傷的念頭。最後，我們就會透過一層悲傷的紗來看待人生，每一件事在我們看來都很令人悲傷，我們無法看見這個世界的**真實**狀況。

「心智是穿上限制的意識。你本來是無所局限和完美的，後來接受了限制，就變成心智了。」
拉瑪那・馬哈希

　　如果你沒有刻意將心智的運作程式設計成正面思考，你的心智會不斷丟出貶低和限制你的負面想法。「我不該做那件事的。」「我在想什麼？」「那真的很蠢。」「我沒有時間了。」「那件事我做不到。」

「心智總是在說：『不！』『太晚了！』『太早了！』『太快了！』『太慢了！』它永遠不會停止。」
我的導師

「不是說心智不好，問題在於它往往會自動運轉，是一部我們不知道怎麼關掉的機器，而且大多時候我們甚至沒有意識到它正在運作。心

智不斷重複播放的內容就像幾乎不會被注意到的電梯音樂，就像被充耳不聞的背景靜電干擾。因為心智跟我們如影隨形，我們很難抵擋不斷使用它的誘惑。它純粹因為可以運作而運作。過度活躍的心智就像一把被濫用的鐵鏈，看見什麼就猛打，完全不漏掉任何一個評斷、阻止、詮釋、認同、擔憂、開始一個故事的機會。」

揚‧弗拉澤，出自《存在的自由》

　　自動運轉的心智還會不斷告訴你，你的人生和這個世界有所匱乏——缺乏金錢、缺乏健康、缺乏愛、缺乏時間、缺乏資源——不夠滿足需求。如果你相信它，那就會是你經驗到的事。

　　幸運的是，你的心智也是一個很棒的工具。關於你想要的事物的正面念頭不只可以讓你的人生翻轉，也能帶給你很大的快樂和喜悅。如果你只想著自己想要的事物，你的人生會很美好。但是，很多人陷在相信負面念頭的上癮模式裡，所以你必須從這個負面思考的迴圈解脫出來，而這件事很容易做到——你的覺知會協助讓你自由。

不要相信問題製造者

　　心智沒有問題，問題是在我們相信心智的負面念頭時才開始出現的。當你覺得擔憂，是因為你相信了擔憂的念頭；當你覺得懷疑，是因為你相信了懷疑的念頭；當你感受到緊張、苦惱、沮喪、害怕、失望、惱怒、不耐煩、想報復、憂鬱、憎恨，或是任何負面情

緒，那是因為你相信那些念頭！而當你因為持續相信自己的念頭而緊抓住那些情緒不放，你的心智還會給你更多同樣的情緒。憂鬱的感覺會產生更多憂鬱的念頭，讓你帶著憂鬱的觀點看待人、狀況和事件，於是你變得更憂鬱，就這樣周而復始。

「思想很狡猾、很聰明，會為了自身方便而扭曲一切。」
基度・克里希那穆提，出自《從已知中解脫》

　　當我們相信心智的負面念頭，就會被拉進心智製作的電影裡，然後保證會經驗到更多壓力和痛苦。

「當我們相信負面念頭，自己造成的悲慘狀況就出現了！」
我的導師

「你要對你感受到的一切負責。它們是你的感覺、你的念頭,你開啟它們、想著它們,除了你,沒有別人做這件事——而你表現得好像你完全沒有控制權!你打開水龍頭,水流到你頭上,然後你說:『喔,有人把我全身都弄溼了。』是你打開水龍頭,把自己弄溼的,所以你的方向應該是要為發生在你身上的事負起全責。那麼,藉由往『這是我做的』那個方向看,你就會發現真的是你!接著當你發現你正在折磨自己,你會說:『天哪!我怎麼這麼笨?』然後你就會停止。你不會折磨自己,而是會讓自己快樂。」

萊斯特・雷文森,出自《快樂是免費的》第一~五冊

　　為人生中的每一件事負起責任,也代表不為發生的事責怪任何人或任何事,而這意味著不怪罪自己。責怪只是心智裡的另一個重複程式,真正的你從不責怪——只有心智會這麼做。能讓你擺脫心智的責怪和批評作風的,是了解你的**心智**是導致負面評斷的唯一原因,並且停止相信其負面念頭。

「只要你認為造成你問題的原因『在外面』——只要你認為任何人或任何事應該為你的痛苦負責——狀況就無望了。這表示你會永遠陷在受害者的角色裡,表示你正在天堂裡受苦。」

拜倫・凱蒂,出自《一念之轉》

　　當我們為自己的人生負責時,就不再允許小我和心智代表我們扮演受害者的角色。

「沒有任何念頭可以支配那個感知到念頭的。留意一下領悟到這一點是什麼感覺；你注意到那感覺很自由。這讓你停止無意識地認同念頭，這切斷了鎖鏈。」

彼得・祖班，出自《只是留意》

是覺知覺知到你的念頭，是覺知覺知到你的情緒。那個在苦惱的不是覺知，也就是**真正的你**；在苦惱的是你的心智。那個感到生氣、受傷、擔憂、緊張或失望的不是**真正的你**，是你的心智。那只是感覺像你，因為你相信你的心智就是你，因為你相信你心智的念頭。

「讓念頭像電視螢幕底下滾動的字幕那樣過去。如果你的注意力不放在字幕上，你就可以全然專注於整個畫面。」

卡雅妮・勞瑞

心智的三種念頭

雖然我們的心智由覺知產生——每一樣事物都是——但心智不是一個實體或真實的東西，即使它看起來像是。心智不過是一個機械化的活動或過程，很像電腦程式。而就像電腦程式一樣，它是重複的——事實上，它重複到只有三種不同的念頭。

「心智會估量、比較和描述。它就做這三件事，重複不斷地做。你自己檢視一下你說的任何話，或是出現的任何念頭，那個念頭不是心智

在估量某件事、比較某件事，就是在描述某件事。」
我的導師

　　你的心智透過這樣的念頭在估量：「到那裡要花兩個小時。」「我一週後要去度假。」「我訂的東西多久才會到？」「我已經瘦了十磅。」「我沒有足夠的錢。」

　　想著這樣的念頭時，你的心智正在比較：「比起轎車，我更喜歡運動休旅車。」「我喜歡走路去上班，而不是搭公車。」「她比我聰明，而且更有天賦。」「他會比我更快升職，我知道。」「看看她，真希望我擁有她的身材。」「他已經不是從前的他了。」

　　另外，你的心智不斷在描述事物，彷彿你看不見一樣。但是，不用心智一直解說，你就能非常清楚地看見你人生中發生的事——事實上，就是那個喋喋不休讓你無法看到這個世界真實的模樣。

「我們的注意力大部分集中在思考。我們被困在自己做的詮釋中，錯失了生活的豐滿。」
卡雅妮·勞瑞

「心智會從來到我們面前的一切中編造出某樣東西，這已經成為預設模式，以致我們幾乎沒想到可能有不同的方式——心智其實可以不從來到我們面前的一切中編造出某樣東西。我們也沒有想到，讓心智如此入迷的編造活動，就是引發痛苦的真正原因。我們不斷地想，是發

生在生活中的事讓我們受苦的。」

揚‧弗拉澤，出自《打開門》

　　當你的心智在描述某件事情時，它是在講一個故事。那是對這個世界和現實的詮釋——是想像的。心智杜撰的故事有很多是關於**你**，如果你相信了，那些故事不只會讓你有壓力和受苦，還會大大限制你的人生。當你相信一個負面的故事，你的人生就會變成那個故事！你的心智編造一個關於你的負面故事，你因為相信那個故事而為它增加力量，接著你的心智把那個故事投射到世界裡讓你去經驗。心智用這樣的念頭來做這件事：

　「我快承受不住了。我就是無法掌握一切。」

　「我不擅長處理錢，它似乎從我的指縫溜走。」

　「這個病在我們家族裡蔓延。」

　「我遇到了很大的問題。」

　「我沒辦法克服這個創傷，它會影響我接下來的整個人生。」

　「我們在一起好幾年了，他是我一生的摯愛，所以我永遠不會忘記他。」

　　心智說服我們相信的一個最大的謊言，就是「我們是身體和心智」這個故事，而且因為我們相信了，它就變成了我們的經驗。我們覺得脆弱，害怕可能會發生在自己或他人身上的事，對生活的種種事件和狀況無能為力——如果這樣還不夠，我們許多人還被「身體死去，我們的生命就到達終點」的信念煩擾。諷刺的是，真正的你——你真正所是的無限覺知——跟心智告訴你的那個故事完全相反。

　　「如果採取心智的運作方式，人早上醒來的第一時間會只有一片沉寂；接下來心智重新進場、開始運轉，說道：『我今天要做什麼？我幾歲了？我的問題是什麼？我該怎麼阻止這些事情出錯？』你完全認同這個故事，穿上靴子，然後再次出發。」

大衛·賓漢，出自意識電視臺

　　心智說服我們相信的另一個故事，跟時間有關。時間是一項非常方便的工具，讓我們所有人得以按照同樣的日曆和時鐘工作，這樣我們才能讓自己的生活與其他人及世界上發生的每一件事協調配合。但是，如同愛因斯坦的發現，時間是相對的——最終，沒有「時間」這回事。時間是個幻相，是心智創造出來的一個心理概念。

「如果你試圖得到時間，它總是從你的指縫溜走。人們確定時間在那裡，但他們沒有辦法抓住它。我覺得是因為它根本不在那裡，所以他們無法掌握它。」

朱利安·巴爾伯，物理學家，摘自亞當·法蘭克的書《關於時間》

真實存在的只有現在這一刻，不管你怎麼努力嘗試，都沒有辦法找到任何事件或狀況發生在當下這一刻之外的其他任何時間。

如果試圖想像一個沒有時間的世界，你做不到，因為你的心智無法理解。你的心智不是在過去，就是在未來，它沒有覺知到當下這一刻。如果你停下來，現在就處於當下，你會注意到沒有念頭存在。這就是為什麼心智能夠讓我們這麼多人無法意識到自己真正是誰的原因之一，因為覺知只有在當下這一刻才能被認出來！

如果你不認為是心智創造了時間，那就看看你能否在心智外面找到時間。

「試著在不去想、不思考的狀態下尋找任何有關過去的證據。盡你所能努力在當下不想到過去的狀態下，找到任何的過去。這是不可能的。」

彼得·祖班，出自《意識就是一切》有聲書

現在，試著在不去想的狀態下找到未來。努力地試。

　　不去想就要找到關於過去或未來的任何證據是不可能的。從來沒有人能夠踏進過去或未來。當過去發生任何事，它是發生在當下；當未來發生任何事，它總是發生在當下。自己確認一下。回想你小時候第一次騎腳踏車，當你正實際騎著腳踏車時，你是在過去騎的嗎？或者，你是在當下騎的？你今早醒來的時候，是在過去醒來的，或是在當下醒來的？

「過去和未來無法被經驗到，它們只能在心理上被處理。過去和未來只以思想的形式存在。」

揚・弗拉澤，出自《偉大的甜味劑：思考過後的人生》

「關於地球的過去，我們擁有的唯一證據是岩石和化石，但這些不過

是我們在此刻檢視、以礦物排列的形式呈現的穩定結構。重點是，我們擁有的就是這些紀錄，而你只有在這個**當下**才擁有它們。」

朱利安・巴爾伯，物理學家，摘自亞當・法蘭克的書《關於時間》

第一次得知時間並不存在時，我的心智像瘋了一樣地產生各式各樣的念頭，試圖證明時間真的存在！像是，那些古老的建築呢？它們不就證明了有過去嗎？但是當我真正去檢視，我了解到那些建築物被建造時，是在當下那一刻被建造的；而假如我正站在一棟老建築物前面看著它，我也是當下這一刻在看，任何曾經看著同一棟建築物的人都是在當下看著。最終，當我檢視每個試圖證明時間為真的念頭，我發現每一個都是錯的，因為只有當下存在。

「無論你喜不喜歡，你都是處於此刻。只有一個時刻，它是無限的，除了在此刻，你不可能在其他任何地方。」

我的導師

「現在不是時間中的一個時刻，被夾在過去和未來這兩個巨大的空間之間。當下這個現在是唯一存在的現在——永恆的現在。它不是從任何地方而來，也不會去往任何地方。」

魯伯特・斯皮拉，出自《愛的灰燼》

如果你可以敞開來接受「時間是個幻相」的可能性，這會幫助你解脫。

「未來永遠不會來。想想這件事：未來永遠不會來。從來都只有現在。在現在，有一種沒有錯過人生，沒有任何地方要去、沒有任何事情要做的感覺。現在就是事情發生之處，它不會發生在其他任何地方，當然也不會發生在心智中──儘管你一直思忖著今後會發生些什麼，且反覆重溫某件已經發生又消失的事。」

揚・弗拉澤，出自《打開門》

「過去是由記憶構成的，未來則是由想像，兩者在思想的領域之外都不存在。」

魯伯特・斯皮拉，出自《愛的灰燼》

心智一直執著於過去和未來，這兩者都不存在，卻同樣引發我們的壓力和擔憂。你心想：「我開會要遲到了，老闆和同事一定會很生我的氣。我上個禮拜也遲到，我可能會因為這件事被炒魷魚。」不要相信那些念頭是確定會發生的事實，而是要覺知到它們**只是**站不住腳的想法。它們是編造出來的故事，但如果你相信你的心智，那**就會**變成是真的。

說故事這件事不過是心智的一個機械化程式，但它一直設法說服我們大多數人相信它的故事是真的──關於時間是真實的、關於我們是身體和心智、關於我們是一個有生有死的人的故事。這些事情結合起來，在建構我們經驗的現實上扮演各自的角色，但它們都是在心智中，因此不過是心理概念而已。

「人們喜歡或不喜歡的不是你，而是他們心中關於你的故事。」
拜倫・凱蒂，出自《轉念，佛心自在》

　　如果心智告訴你的某件事是你不想要的，別相信那個故事，否則你會給自己烙上那個印記。觀察你心智的機制，不要接受它說的任何一個關於你的故事或想法，除非它說的是完美和良善，因為完美和純粹的良善才是你**真正**所是的模樣！

覺知是你的出路

「念頭是什麼？能量的移動。感覺是什麼？能量的移動。」
彼得・勞瑞，出自「意識無限」這場演講

　　你所是的無限覺知絕不會被念頭影響。所以，要去覺知你的念頭，並且如其所是地看待它們──只是一個念頭，只是一股通過的能量。

「念頭就像一隻飛過的鳥。讓那隻鳥飛過去，不要去分析牠。『你要去哪裡？你是哪一種鳥？你的家人在哪裡？你現在多大了？』讓那隻鳥飛過去就好。」
我的導師

　　你不必消滅心智或對它開戰，如果你試圖這麼做，會為心智增加更多力量。覺知是你脫離心智的騷動之路，只要去覺知自己的念頭，你就不會再相信它們。你沒辦法在覺知念頭的同時又相信它們，因為對念頭的覺知可以防止你把它們當成真的一樣去認同。當你去觀察自己的念頭，而不是迷失其中，你就能如其所是地看待它們：一件你可以選擇相信，或不相信的事物。

　　「真正的你不需要念頭就聽見了，不需要念頭就看見了，不需要念頭就感覺到你的身體和周遭環境。真正的你是沒有念頭的。覺知在沒有任何念頭的狀態下，就先聽見、看見、感覺到一切了。」
我的導師

　　要記住，你的念頭沒有覺知到你，你才是那個覺知到你的念頭的覺知。

　　「當你願意真正去檢視你有多認真地對待自己，你的心智會開始覺得平靜，有一股溫暖的微風在那裡吹。那個你緊抓不放的自己──你的意見、你的渴望和恐懼、你投入其中的事物──邊緣變得有些模糊。人生感覺起來不可思議地輕鬆、不費力，甚至充滿喜悅。發生的事情就……發生了，你覺得沒問題，真的真的沒問題，沒有什麼關於它的意見在雷達螢幕上飄過，你的腦袋裡變得非常安靜。你領悟到你一直以來是多麼努力工作，你整個饒有意義的人生。對你而言，人生才剛開始。」
揚・弗拉澤，出自《打開門》

第五章摘要

- 相信自身念頭的習慣使我們無法活在真正的自己的宏大和輝煌之中。

- 是你對某個人、狀況或事件的想法造成你生活中的負面情境，而不是實際的那個人、狀況或事件。

- 思考是用來預訂你想要的事物。其他沒有什麼需要思考的，因為其他的一切都被覺知處理好了。

- 心智並不是大腦，大腦不會想事情。思想是來自心智。

- 你的心智完全是由念頭組成的。如果現在沒有任何念頭，就沒有心智。

- 大多數人相信自己所想的是事實，這也解釋了為什麼對很多人來說，人生充滿壓力和挑戰。

- 負面思想是我們遭受壓力和痛苦的原因，所以我們必須特別覺察負面的念頭。

- 當我們相信自己的念頭，立刻就會被一部由心智製作、在我們腦中播放的虛構電影困住，再也無法經驗到這個世界的真實模樣。

- 念頭還會引發感覺，然後那些感覺又反過來引發更多念頭。

- 心智沒有問題，問題是在我們相信心智的負面念頭時才開始出現的。

- 那個感到生氣、受傷、擔憂、緊張或失望的不是**真正**的你，是你的心智。

- 心智只有三種不同的念頭——它會估量、比較和描述。

- 心智說服我們相信的一個最大的謊言,就是「我們是身體和心智」這個故事。

- 心智說服我們相信的另一個故事,跟時間有關。時間是個幻相,是心智創造出來的一個心理概念。

- 真實存在的只有現在這一刻,過去和未來只以思想的形式存在。

- 你不必消滅心智或對它開戰,覺知是你脫離心智的騷動之路。

- 當你去觀察自己的念頭,而不是迷失其中,你就能如其所是地看待它們:一件和你分開來,你可以選擇相信,或不相信的事物。

第六章

了解感覺的力量

要過著從此不再被負面感覺襲擊的人生是有可能的，當你依從你所是的覺知而活，負面感覺就不會再像現在這樣影響你。真正的你在任何時候、任何狀況下都是純粹的快樂。很難想像你可以讓負面感覺不再影響你，但你將自己發現，你可以的。

「負面感覺是破壞性的，真正的我們則是建設性的。」
我的導師

透過練習本書分享的方法，我不再因極端負面的感覺受苦。如果有任何負面感覺出現，相當輕微，我馬上就會注意到，然後它當場就消失了。在人生早期，我經常被負面感覺襲擊，彷彿進入龍捲風裡，但是在發現那個「祕密」之後，我變得可以敏銳覺知自己每一刻的感覺如何；而假如你有覺知到自己的感受，那麼你會發現，只要再簡單的一步，就能永久消除負面感受。當你沒有了所有負面感受，剩下的就是你所是的無限覺知，而你的人生將會美好得令人屏息。

「一旦你了解人生的最高程度有多不費力，就要花極大的力氣才能呈現相反的模樣了。」

萊斯特・雷文森

如果你了解感覺到底是什麼，將有助於削弱它們對你的掌控力。

感覺（和念頭及身體覺受）不過是能量的移動。能量會振動，這表示感覺——和念頭一樣——也會振動。不同的感覺以不同的頻率振動。美好的感覺振動頻率較高，它們對身體非常有好處，而且對你生活周遭的種種狀況有正面影響；此外，你的正面感覺也有益於其他所有生物和地球整體。負面感覺則是以較低的頻率振動，而且對身體、你生活中的種種狀況、其他生物和地球都有害。但是，感覺一開始是從哪裡來的呢？

念頭產生感覺。你有什麼樣的念頭，就會創造出什麼樣的感覺。有了快樂的念頭，你就會覺得快樂；而一旦覺得快樂，就不可能同時有憤怒的念頭。快樂的念頭引發快樂的感覺，而這會產生更多快樂的念頭；同樣地，如果你覺得生氣，那樣的感覺是因為你有憤怒的念頭。念頭和感覺總是吻合的，它們是一體的兩面。

如果一個狀況出現，然後你讓負面的念頭和感覺接管你，你很可能一整天都會持續經驗事情一件又一件出錯的狀況；然而，當你感覺美好時，你的這一天就會出現一件又一件的好事。你內在感覺到的，會與你在周遭世界經驗到的精確相符。

「你現在知道，一切都不是從外在產生的，而是始於內在的念頭和感覺。」

出自《祕密》

正面感覺

你有沒有注意到，所有美好的感覺都是不費力氣的？當你感覺美好，你覺得自己輕如羽毛，覺得自己彷彿有著源源不絕的能量。如果你對自己的感受變得敏感，你會注意到那些美好的感覺對你身體和心智的正面影響。

感覺美好不代表你會像個足球賽的啦啦隊一樣，興奮地跳上跳下。你肯定體驗過，如果你太過興奮，就會耗盡能量，之後你會筋疲力盡。

感覺美好就像一個重要的日子很順利地結束後，或是在度假時放鬆一下，或是很努力地運動後，沖了個澡，然後坐下來享用晚餐或欣賞最喜歡的節目的感覺。你覺得放鬆，感受到一股解脫感；你放手，然後感受到一種充滿平靜的快樂。你知道當你說「哇，這真棒」那些時候吧？這就是感覺美好的樣子。如果你可以不再死抓著人生不放，就會自動感受到這個美好，因為感覺美好是你的真實本質。事實上，每當你感覺美好，就代表你一定放掉了不好的感受，讓美好的感覺得以自然出現。

「美好的感覺是用來享受的。它們是喜悅的展現，並且帶我們回到喜悅，這是我們的真實本質。去享受美好的感覺，和它們成為一體吧。」

法蘭西斯·路西爾，出自《沉默的芳香》

正面而美好的感覺是對發生在人生中的事說「好」的結果。正面的感覺來自「好，我要那個」「好，那會很不錯」「好，那很棒」「好，我喜歡這個」，或是「好，那聽起來很棒」。

正面或美好的感覺沒有問題，畢竟，快樂和美好的感覺是從覺知而來。沉浸在美好的感覺中，「壓榨」它們，並且愛上它們。

負面感覺

負面感覺是你對發生的某件事想著或說出「不！」的結果。負面的感覺來自「不，我不想要這個！」——可能是有人說了或做了某件令你受傷的事、有人不同意你，或是某個不如你意的狀況（或大或小），例如和人爭吵、快遲到了、健康問題、關係破裂、一直增加的債務、手機掉了、交通擁擠、東西晚送達、缺貨、天氣太熱或太冷、與政府的問題、班機延遲或取消、沒有停車位，或是超市、銀行或機場裡長長的排隊人潮。

當你想著或說出「不！我不想要這個」，會立刻在你內在引發抗拒，就是這個抗拒製造出不好的感覺；接著，好像抗拒狀況還不夠

似地，連不好的感覺也抗拒。我們發現自己感受更糟了，被困在一個壞感覺的網裡，而引發這些感覺的其實不是發生在外部世界的任何事，而是我們自己的反應。我們對正在發生的事及負面感覺的抗拒不僅會讓不想要的狀況緊緊跟著我們，還會榨乾身體的能量，甚至影響免疫系統！

「對任何一件事感覺糟透了，就是死抓著它不放。說『這是我必須放下的事』，你馬上就會感覺好一點。」
萊斯特·雷文森，出自《快樂是免費的》第一～五冊

　　正面感覺完全不費力，因為它們是覺知的真實本質。我們是由正面感覺組成的，是由喜悅、快樂和愛構成的。負面感覺則需要很大的能量去維持，這就是為什麼如果動怒或大哭，我們會覺得疲憊不堪。一次的負面情緒發作，例如發脾氣，會讓我們筋疲力盡，因為積聚那個負面情緒並維持住，花了很大的力氣和能量。之所以需要耗費力氣，是因為那不是真正的我們。當我們有了任何負面感受，在那一刻，我們是在對抗真正的自己。

「維持『我』需要耗費很多能量。」
彼得·勞瑞

「作一個人要耗費很多能量，作自己則一點能量都不用。」
穆吉

「在放下夠多小我之後，你自然會感受到你的自性的平靜和喜悅。」
萊斯特‧雷文森，出自《快樂是免費的》第一～五冊

　　沒有了負面感受，正面而美好的感覺就自然出現了。你不必花費任何力氣去擁有正面感覺，你要做的就是放掉不好的感受，那麼你自然而然會覺得快樂、覺得很美好。

「愛毫不費力，憎恨則需要很大的力氣。」
萊斯特‧雷文森，出自《快樂是免費的》，第一～五冊

被埋藏的感覺

「你現在背負的許多情緒上的重擔，起初都是一種被你推開的感覺。」
揚‧弗拉澤，出自《存在的自由》

　　從小時候開始，我們就無意識地壓抑無數不好的感覺，那些感覺現在就儲存在我們的潛意識心智。不好的感覺一直埋藏在潛意識心智中，損耗我們的能量和生命。能量全被困在身體裡，而破壞身體健康和我們人生境遇的，就是這股受困的能量。

　　我們壓抑並埋藏的只有不好或負面的感覺，因此，被壓抑的感覺和負面感覺其實是同一件事。你生氣時感受到的憤怒，正是來自你內在深處那股被壓抑的憤怒。

此外，被壓抑的負面感覺有許多負面念頭依附其上，這些就是一開始讓我們感覺不好的念頭，以及從那時起我們就有的、和那負面感覺有關的所有念頭。依附在被壓抑的負面感覺上的念頭，透過不斷自我回收，把我們困在心智裡，對我們的人生造成有害影響，且讓人無法了解真正的自己。

三歲以下的嬰兒和幼童不會壓抑情緒，因為他們很自然地活在自己的真實本質——覺知——之中，所以會自動釋放情緒。這就是為什麼你會看到嬰兒和學步的幼童幾秒之內就破涕為笑，他們不會抗拒任何情緒。

「到了被貼上成人的標籤時，我們已經很擅長壓抑了，以至於大多時候這完全是第二天性。我們原本善於釋放情緒，後來壓抑的能力變得一樣好，甚至更好；事實上，我們壓抑了太多情緒能量，以至於變得有點像會走路的定時炸彈。甚至，我們往往不知道自己壓抑了真實的情緒反應，直到一切都太晚了：我們的身體出現壓力相關疾病的徵兆、肩膀縮到耳下、胃痙攣，或是突然爆發，說了某句話或做了某件事，現在後悔莫及。」

海爾・多斯金，出自《瑟多納釋放法》

當你有了一個負面經驗，感覺很糟時，除非完全放掉那個不好的感受，否則它最後會被往下推，壓抑在你心底。

即使當你認為你已經卸下心頭的大石，或是讓你煩躁不安的狀

況已經解決了，除非你明確放掉那個負面感覺，否則它還是會跟著你，壓抑在你的潛意識心智裡。

「表達負面感覺只是讓恰好足夠的內在壓力有個出口，這樣剩下的就可以接著被壓抑。了解這一點非常重要，因為現今社會有很多人相信，表達感覺會讓自己免除那些感覺。事實剛好相反。」
大衛・霍金斯博士，出自《臣服之享》

所以，發洩情緒不是解答，那只會幫已經被壓抑的情緒增加更多能量，因為表達出來的感覺也會被壓抑。

有時候，我們還會**刻意**抑制不好的感覺，而它們也會被往下推進潛意識裡。當我們把讓自己不舒服的感受，例如悲痛和憂傷推開，或是忍住憤怒之類的感覺時，就是在刻意壓制自己的情緒。

「壓抑就是在情緒上面放一個蓋子，把它們往下壓回去，否認它們、抑制它們，假裝它們並不存在。被覺知到且沒有釋放的情緒，會自動被儲存在心智的某個部分，稱為潛意識。我們壓抑情緒的方法，很大一部分是藉由逃避。」
海爾・多斯金，出自《瑟多納釋放法》

想像某個家人或朋友讓你失望。你認為對方辜負了你，你對他很失望。那個失望的感覺一直被壓抑在心裡，受困情緒能量的壓力逐漸增加，直到必須釋放掉一些。這個被壓抑的失望必須找到一個出

口，來把一些壓力從身上移開，所以它會去尋找讓你失望的人、狀況或事件，讓累積起來的一些能量得以釋放。這適用於每一個你曾經壓抑的負面感受，而我們大部分人都壓抑過各種負面感覺。如果你感受過，你就壓抑過。

如果你覺得惱怒，那你就知道惱怒已經被壓抑在你之內；假如你不是已經把它壓抑在心裡，你就不會對任何事情感到惱怒。所以，每當你覺得氣惱，那是你最初感受到、然後把它壓抑下去的惱怒跑了出來。每一種負面感覺都是這樣，無論是憤怒、挫折、煩躁、報復心、憎恨、憂鬱、悲傷、絕望、嫉妒、罪惡感、羞愧、不耐煩、幻滅、失望、煩心，或是不知所措。不幸的是，我們小時候壓抑了許多負面感覺，因為那些感覺對純真的我們來說，傷害性大到無法處理；然後，隨著人生繼續往前走，把感覺推開而不是隨它去，就成了一種習慣。所以，我們很可能一輩子都在壓抑或抑制不好的感覺。

心智會透過投射來掩蓋導致不好的感覺的真正原因，說服你相信你的感覺是這個世界上的某件事造成的。

「心智會怪罪某某事件或其他人『導致』某個感覺，把自己視為外在原因無助且無辜的受害者。『他們讓我生氣』『他讓我煩躁不安』『那嚇到我了』『世界上發生的種種事件引發了我的焦慮』，事實上，正好相反。被壓抑和抑制的感覺在尋找一個出口，利用外在事件作為引爆器和藉口，好讓自己宣洩出來。我們就像壓力鍋，準備好在

機會出現時就釋放蒸氣。我們的引爆器已經設定且準備好要引發爆炸了。在精神病學上，這個機制叫作轉移。是因為我們生氣了，外在事件才『讓』我們生氣。」

大衛・霍金斯博士，出自《臣服之享》

當某種不好的感覺，例如憤怒快速籠罩你時，你不覺得自己就像個壓力鍋嗎？如果你知道某人有經常生氣的問題，那表示他壓抑了許多憤怒，最有可能是在人生早期。他還確信是其他人或狀況讓他發怒的，但很肯定的是，引發他怒氣的唯一原因，是他自己壓抑的憤怒。

「『壓力』真正的源頭其實在裡面，不在外面，但人們都想要相信是在外面。例如，準備好以恐懼做出反應的程度，取決於你內在有多少恐懼等著被某個刺激觸發。內在的恐懼愈多，我們愈會覺得這個世界令人害怕而抱持戒心。對恐懼的人來說，這個世界是個可怕的地方；對憤怒的人來說，這個世界充滿挫折和令人惱火的事物，一團混亂；對有罪惡感的人來說，這個世界到處都是誘惑和罪惡。內在狀態會影響我們對這個世界的看法。如果放下罪惡感，我們就會看到純真；然而，一個滿懷罪惡感的人只會看見邪惡。」

大衛・霍金斯博士，出自《臣服之享》

所以，下次又被某種負面感覺籠罩時，記住，無論看起來像是怎樣，你會經驗到這個感覺，是因為它**已經**在你之內了，而不是外在的某個人或狀況導致的。

　　你會想，我們早就該理解了，對嗎？畢竟我們的經驗顯示，負面感覺是從身體**裡面**產生的，沒有一個人曾經走在街上，然後必須閃躲迎面飛來的負面感受！你絕對不會在你的身體或其他任何人的身體之外找到負面感受。是我們對某個人、狀況或事件的**反應**引發負面感覺，而不是那個實際的人、狀況或事件。

親愛的，我把自己縮小了

　　當我們相信負面感覺就是真正的自己，它們會被進一步供給能量。我們怎麼會是一個感覺呢？然而，當我們認同某個感覺，代表我們把自己的無限自性縮小了，因為我們允許自己被一個微小的感覺掌控。

「念頭和情緒看起來很強大，因為我們給了它們能量。讓它們自行起伏，它們就會往前走了。」
卡雅妮‧勞瑞

「說『我是悲傷的』（I am sad）並不真實，應該要說：『這一刻，一股悲傷的感覺正流過我。』如果我們就是讓這悲傷的感覺流動，我們就不知不覺自動站在不流動的位置了。」

法蘭西斯・路西爾，出自《沉默的芳香》

問問自己：你是那個悲傷的感覺，或是那個覺知到悲傷的？

你是那個覺知到悲傷的。

悲傷來臨前，你就在了嗎？

我很確定你在。

悲傷離去後，你還會在嗎？

我希望你還會在。

當悲傷走了，你會失去一些自己嗎？

我當然希望不會。

是的，悲傷來臨前你就在了，而且沒錯，它離開後你還在，完整無缺，因為你並不是悲傷。悲傷是你**覺知**到的某樣事物，根本不是真正的你。你是讓宇宙保持在正確位置的無限存有，不要讓一個感覺把你縮到像豌豆一樣小！

「不要表現得如此渺小，你是狂喜移動中的宇宙。」

魯米

我的導師建議我這樣質疑**每一個**負面感覺：

「我是那個感覺，或者，我是那個覺知到感覺的？」

這個問題會立刻從感覺取走大部分力量，因為它讓你停止與感覺認同。

「要了解，念頭和感覺就如同進入車站又離開的火車；要像車站一樣，不要像乘客。」

魯伯特・斯皮拉，出自《愛的灰燼》

注意，感覺會出現又消失，而在感覺一開始出現及消失時覺知到它們的，是你，覺知。

「負面感覺在你之內，不在現實裡。永遠不要認同那個感覺，它跟『我』沒有關係。不要以那個感覺來定義你本質上的自我，不要說『我是憂鬱的』。如果你想說『那是憂鬱的』，沒問題；想說『憂鬱

在那裡』，沒問題。假如你想說『沮喪在那裡』，可以，但不要說『我是沮喪的』，這樣就是在用感覺定義自己了。那是你的幻覺，是你的錯誤。此刻有一股憂鬱、有讓人受傷的感覺存在，但就讓它在那裡，別管，它會過去的。每件事都會過去，每一件事。」

戴邁樂，出自《覺知：與大師對話》

「跟心智說：『看你是要生氣或憂鬱都可以。我只會觀察你或忽視你，沒打算加入你。』」

穆吉

這是內在工作

「想像一個病人去看醫生，告訴醫生自己有什麼毛病。醫生說：『很好，我了解你的症狀了。你知道我會怎麼做嗎？我會開藥給你的鄰居！』病人答道：『非常謝謝你，醫生，這讓我感覺好多了。』是不是很荒謬？但那就是我們都在做的事。沉睡的人總是認為如果別人改變，他就會感覺比較好。你之所以受苦是因為處於睡眠狀態，你卻心想：『如果別人改變，人生會有多美好啊；如果我的鄰居改變、我的太太改變、我的老闆改變，人生會是多美妙啊。』」

戴邁樂，出自《覺知：與大師對話》

　　不要期待人、狀況和事件會為了讓你感覺好一點而改變，因為這永遠不會發生。如果你等著這個世界根據你的渴望或期待改變，你永遠不會快樂。在任何時刻改變自己的感覺，始終是一份內在工

作。

「我們花了所有的時間和精力試圖改變外在狀況，改變我們的配偶、老闆、朋友、敵人，以及其他每一個人。我們不必去改變任何事物。負面感覺就在你之內，地球上沒有任何人有力量讓你不快樂……沒有人告訴你這件事，他們告訴你的正好相反。」
戴邁樂，出自《覺知：與大師對話》

　　負面感覺是我們自己造成的。是我們引發自己的壓力和煩躁，卻認為是周遭世界帶來的。

「他人的行動沒有力量給你平靜或剝奪你的平靜。」
賈姬·歐基芙

「沒有一件事可以作為負面感覺的正當理由；世界上沒有任何情境是負面感覺的正當理由。所有神祕主義者哭啞了嗓子一直想要告訴我們這一點，但沒有人要聽。負面感覺在你之內。」
戴邁樂，出自《覺知：與大師對話》

　　負面感覺是我們自己造成的，這是**好消息**，因為這代表我們有力量停止這樣做！當我們受夠了那些不好的感覺，就會想要找一條出路，而關於尋找出路這件事，沒有什麼比不快樂和悲慘可以教我們更多了。更好的消息是，有一個簡單的方法可以終結不好的感覺──永遠終結。

第六章摘要

- 當你沒有了所有負面感受，剩下的就是你所是的無限覺知，而你的人生將會美好得令人屏息。

- 念頭產生感覺。你有什麼樣的念頭，就會創造出什麼樣的感覺。

- 你內在感覺到的，會與你在外在世界的經驗精確相符。

- 感覺美好是你的真實本質。每當你感覺美好，就代表你一定放掉了不好的感受，讓美好的感覺得以自然出現。

- 正面而美好的感覺是對發生在人生中的事說「好」的結果；負面感覺則是對發生在人生中的事想著或說出「不！」的結果。

- 正面感覺完全不費力，因為它們是我們的真實本質；負面感覺則需要很大的能量去維持。

- 從小時候開始，我們就無意識地壓抑無數負面感覺，那些感覺現在就儲存在我們的潛意識心智裡。

- 當你有了一個負面經驗，感覺很糟時，除非完全放掉那個負面感覺，否則它最後會被往下推，壓抑在你心底。

- 發洩情緒不是解答，那只會幫已經被壓抑的情緒增加更多能量，因為表達出來的感覺也會被壓抑。

- 被壓抑的感覺會找到一個出口，來把一些壓力從身上移開，所以它會去尋找人、狀況或事件，讓累積起來的一些能量得以釋放。

- 下次又被某種負面情緒籠罩時，記住，無論看起來像是怎樣，你會經驗到這個情緒，是因為它**已經**在你之內了，而不是外在的某個人或狀況導致的。

- 當我們相信負面感覺就是真正的自己，它們會被進一步供給能量。

- 用「我是那個感覺，或者，我是那個覺知到感覺的？」來質疑**每一個**負面感覺。

- 注意，感覺會出現又消失，而覺知到感覺來來去去的，是你，覺知。

- 不要期待人、狀況和事件會為了讓你感覺好一點而改變。在任何時刻改變自己的感覺，始終是一份內在工作。

第七章

負面感覺的終結

「擋在你和真正的自己中間的，只有一個念頭或感覺。這非常簡單。」

我的導師

　　快樂是你的自然狀態，所以如果你現在不覺得快樂，那麼你就是有個負面感覺在阻礙那個快樂存在你之內。這一章有許多練習，有助於終結那些讓你陷在它們重複迴圈裡的負面感覺。當你從負面感覺解脫，最終你會活在你充滿純粹喜悅和快樂的自然狀態裡——一個比你到目前為止經歷過的任何事物都要壯麗的人生。

「你要做的第一件事，就是去接觸之前沒有覺知到的負面感覺。很多人都有自己沒有覺知到的負面感覺。許多人很憂鬱，自己卻沒有覺知到；只有當他們接觸到喜悅，才知道自己有多憂鬱。你首先需要的，就是對自身負面感覺的覺知。什麼樣的負面感覺呢？例如沮喪。你覺得沮喪且喜怒無常；你覺得厭惡自己或有罪惡感；你覺得人生一點意義都沒有；你有受傷的感覺，你覺得緊張不安。先去接觸這些感覺。」

戴邁樂，出自《覺知：與大師對話》

　　你不需要知道你有的負面感覺的名稱，因為有時可能難以準確指出你感受到什麼。你只要知道，如果這種感覺不是快樂的感覺，那就是負面感覺，而這個負面感覺正在扯你人生後腿，使你無法持續活在快樂中。

　　你只要去覺知這個負面感覺，不要以任何方式抗拒、表現或評判它，然後認識到這只是個感覺。不要企圖改變感受。當你不再想要擺脫這個感覺，不再抗拒它，能量就會被釋放，然後這個感覺就會消失了。

「如果你停止抗拒某個情緒，它就無法持續存在了。」
魯伯特‧斯皮拉，出自「在你的存在中休息」這場演講

　　我們說服自己，如果抗拒不好的感覺，就可以讓它們消失，但這樣做反而保證會一而再，再而三地經驗不好的感受——正如精神病學家卡爾‧榮格所言：「凡你抗拒的，會持續存在。」把抗拒拿走，那麼任何負面感覺，無論多麼強烈，都會迅速通過身體。

　　我的導師告訴我，當你用手掌抵著另外一個人的手掌，然後兩個人互推時，你會感受到抵抗力；如果對方不再推，那麼雙方的手都會立刻往下掉。可以的話，找朋友或家人實驗一下，因為親身體驗過就會很清楚。這就是當你停止抗拒負面情緒時會發生的事——它就漸漸消失了。

要停止抗拒負面感覺，你必須**允許**感覺存在，不要試圖改變它。只要**覺知**到這個感覺就好，放輕鬆，不要緊繃起來，因為那就是在抗拒。諷刺的是，你透過放鬆並允許負面感覺存在，沒有想要改變或擺脫它、沒有想要讓它變得不同或對它做點什麼，而讓它離開了。允許負面感覺存在，那會讓它的能量被釋放。這與我們一直以來的做法正好相反，也說明了為什麼我們會有這麼多被壓抑的負面情緒。

「抗拒會暗中造成傷害。這是讓我們無法擁有、無法做到、無法成為自己想要的一切的主要原因之一。」
海爾・多斯金，出自《瑟多納釋放法》

當你允許負面感覺存在，其背後的能量就會自然釋放。這是個自動的過程，你要做的就是覺知到這個感覺，允許它存在，而不要試圖推開、改變、控制或擺脫它。當你完全允許負面感覺存在，其能量會迅速通過，同時帶走很大一部分被壓抑的感覺。例如，當憤怒的感覺出現時，如果你不抗拒，允許它存在，它就會快速地通過你，並帶走一部分你在人生早期壓抑的原始憤怒。

「不要害怕感覺——讓它們出現，然後被釋放。」
夏克緹・卡特琳娜・瑪姬

當我們注意到某個感覺，並允許它如其所是，我們就不再壓抑或抑制它了。我們終於開始釋放被壓抑的感覺。如果只是覺知到負面

感覺，允許它存在，不去抗拒，即使極端的憤怒也可以在一分鐘內消失。

「當我們強烈認同負面情緒，而不是觀察著，它們很快就會耗盡我們的能量供給。透過處於當下並學習脫離對負面情緒的認同，我們可以收回對自身能量供給的掌控權，然後這些能量就可以用來提升我們的生命經驗。」
大衛・賓漢

接下來我要分享的練習，是我所知可以永久釋放負面感覺最有效的方法，包括你一生中累積的所有被壓抑的負面感覺。而當負面感覺消失，你就不會像以前那樣受到它們影響，健康狀態會快速改善，財務狀況、人際關係和你整個人生也是。更好的是，一旦所有負面感覺都消失了，你將毫無阻礙地處在無限覺知的喜悅和快樂中，想要的一切都會毫不費力地出現在你的生活裡。你會擁有作為一個人的經驗，同時成為你真正所是的無限存有。

「當可以釋放的一切都被釋放，剩下的就是我們最想要的。」
魯伯特・斯皮拉，出自《愛的灰燼》

歡迎，欣然接納

傑出的導師和前物理學家法蘭西斯・路西爾將一種釋放負面感覺的方法稱為「歡迎」。事實證明，歡迎是我一生中做過最有效的練

習之一，可以一勞永逸地消除負面感覺。（另外值得注意的是，當你歡迎負面感覺時，一開始導致那個感覺的情境或狀況也會改變，因為你釋放了對那個情境抱持的感覺。）

歡迎與抗拒正好相反。抗拒是對負面感覺說：「不，我不想要這個！」歡迎則是說：「好的，歡迎你。」覺知總是歡迎一切，沒有任何負面感覺，無論多麼強烈，可以抵擋覺知的欣然接納——事實上，沒有任何負面事物擋得住覺知的歡迎。

歡迎你不想要的事物似乎違反直覺，然而，是抗拒把你不想要的一切抓在你身邊，歡迎則讓你不再抗拒！面對負面感覺不抗拒或不變得緊繃或許有挑戰性，但是當你打開注意力，並欣然接納這個感覺時，抗拒就會奇蹟般地停止，而負面感覺——那只是能量——便消散了，然後，你抗拒的那個情境就能夠改變了。

記住，打開注意力就像把相機的鏡頭拉遠，這樣你就不會將心智聚焦在任何細節上。要確保你沒有聚焦在感覺上，那會使它變得更強大，因為心智會**增強**我們聚焦其上的一切。要去注意感覺，但別把焦點放在上面，要讓注意力維持寬廣。

海爾・多斯金老師建議，一開始，在打開注意力時將手臂往身體的兩側張開會很有幫助。張開雙臂，彷彿你在歡迎某個你所愛的、你正要去擁抱的人。這有助於你敞開心（我們往往讓身體的心臟區域長期縮著，卻沒有意識到自己正在這樣做）。當我歡迎生活中不

想要的任何事物時，我會有意識地敞開心。

　　我的導師說，在歡迎的時候，我們就成了真正的自己——覺知——因為歡迎正是我們的本質。事實上，你所是的無限覺知是如此欣然接納一切，以至於負面感覺在它面前不可能繼續存在。很簡單，當你歡迎任何負面事物時，你就讓它消散回到其源頭——你，覺知——之中了！因此，當你欣然接納負面感覺，你就是在汲取自己的無限力量來消融它。

　　法蘭西斯・路西爾老師說，當我們愈來愈能欣然接納，就會意識到歡迎本身其實不是一個活動，它反而會停止「抗拒」這個活動。最初，我們以為歡迎是自己做的某件事，但隨著練習得愈來愈多，我們意識到歡迎其實是在**阻止**我們去做一件許多人自動在做的事——抗拒。

　　「感覺會消散，是因為它只是能量。所以當某個感覺出現時，注意到它只是能量，並且歡迎它。它之所以出現，是因為你準備好要擺脫它了。」
我的導師

那些傷害你的，會庇護你

　　幾年前，我發現自己處於憂鬱狀態。那時我不了解我在這本書中分享的大部分內容，但幸運的是，我知道自己是如何陷入憂鬱的。

當時我的女兒病得很重，我很擔心她，所以產生一個又一個可怕的念頭；而因為我相信了那些念頭，幾個月內，它們就讓我急遽陷入憂鬱中。

「憤怒或悲傷之類的感覺之所以存在，只是為了讓你警覺你相信了自己的故事。」
拜倫·凱蒂，出自《轉念，佛心自在》

　　為了使自己擺脫憂鬱，我嘗試想著正面念頭、想著感恩的念頭，但我發現，思想在深切的憂鬱中幾乎沒有力量。這是一種安全機制，可以在我們深陷絕望或憂鬱時保護我們，不讓那些念頭顯化出來。因此，我通常用來扭轉局面的方法失效了，不得不去尋找另一種方法。

　　我決定，如果我無法用正面念頭壓過憂鬱，就只能停止抗拒憂鬱，因為我知道「凡你抗拒的，會持續存在」。因此，我閉上眼睛，將注意力集中在身體內部感覺像是憂鬱存在的地方。我向那憂鬱的烏雲敞開自己，彷彿我正張開手臂歡迎它，彷彿我正用雙臂擁抱它，就像迎接久未見面的摯愛一樣。我打開自己的心，盡最大的努力愛上憂鬱，並將它拉近我。有幾秒鐘的時間，它變糟了，然後突然變得愈來愈輕盈，接著就完全消融。幾秒鐘之內，憂鬱就那樣消失了。那個解脫感非常強烈。

　　幾個小時後，憂鬱的感覺又回來了，但沒有以前那麼強烈。我照

著執行相同的過程,而且每當憂鬱再次出現時就繼續這樣做。每一次練習,憂鬱都變得愈來愈弱,接著在短短幾天內就完全消失了。

「你接納遭遇到的麻煩那一刻,門就打開了。」
魯米

我知道我再也不會受憂鬱所苦了,毫不懷疑。它永遠離開了我的身體。

如果我可以這樣對待憂鬱,你也可以這樣對待任何負面感覺。自己去做,你會更了解這個過程。消融負面情緒,讓它全速消失,是世界上最好的感受。與其抗拒憂鬱的感覺——那只是讓情況變糟,並且讓憂鬱緊跟著我——我做的剛好相反。即使當時不知道,但我以自己的方式,憑直覺欣然接納了憂鬱的負面感受。

從那時起,我把相同的方法用在浮現的任何負面感覺、用在負面念頭上,還用來應對身體的任何疼痛感,如腳抽筋或頭痛。我發現,如果沒有遭受抗拒,身體覺受可以像負面感覺一樣迅速消散。

把「歡迎」這個方法用在任何讓你感覺不好的事物、任何負面念頭或故事、負面感覺、痛苦的身體覺受或回憶,以及限制性信念上。歡迎可以使你從情緒的束縛中解脫,並讓你的人生以各種可能的方式變得更好。

「去愛自己的憎恨時，我們就停止憎恨了。愛總是會贏。愛憎恨意味著欣然接納它——這不表示應該照它的指示去做，但我們也不該壓抑它。當我們去愛憎恨時，就讓自己脫離了憎恨的過程，然後愛就開始了。」

法蘭西斯·路西爾，出自《沉默的芳香》

　　恐懼之類的負面感覺可能會讓人非常不舒服，甚至令人害怕，這就是為什麼許多人習慣自動壓抑負面感覺，而不是去面對。但負面感覺愚弄了我們。當我們允許任何負面感覺存在，歡迎它，而不是試圖將其推開，有幾秒鐘的時間它會增強，令人覺得難以忍受，但接著它就完全消失了。

　　當你允許某個不好的感覺存在，不去壓抑它，那個感覺再也不會那樣強烈了。你已經削弱了它，而它現在正要離開。多允許那個感覺存在幾次，它就會從你的身體被釋放出來。然後觀察一下，光是一個負面感覺被釋放，就有多少快樂湧入你的身體，有多少美好湧入你的人生。

「有時我們會在臣服於某個感覺後，注意到它捲土重來或持續存在，這是因為你還有更多要臣服的。我們一輩子都在裝填這些感覺，有許多被往下壓的能量必須冒出來，好讓我們去正視。一旦臣服了，立刻會有一種更輕盈、更快樂的感覺，幾乎像是『快感』。」

大衛·霍金斯博士，出自《臣服之享》

　　你因為從身體釋放負面感覺而即將感受到的解脫非常強烈。隨著每一個負面感覺被釋放，你的身體會變得更輕盈、人生變得更不費力，並且會發現自己的快樂不斷擴大。做得愈多，你還會獲得動能，釋放負面感覺變得愈來愈容易。你會來到大多數負面感覺立即消失的境界，因為在你覺知到這些感覺那一刻，它們就自動被釋放了。這就是覺知的無限力量。

「釋放就像呼吸——很自然，吸氣，然後呼氣。」
我的導師

「那就是每一個不舒服的感覺的目的——那就是痛苦的目的、是金錢的目的、是世上每一樣事物的目的：你的自我了悟。」
拜倫・凱蒂，出自《一念之轉》

　　每個負面感覺都是來引導你回到真正的你。它們讓你警覺自己正在相信並不真實的故事，好讓你可以歡迎那些感覺，並且以真正的你——宏大的覺知——過生活。我們竭盡所能想要避開的負面感覺，正是會讓我們獲得自由的事物，這不是很諷刺嗎？

「那些傷害你的，會庇護你。黑暗是你的蠟燭。」
魯米

　　把出現的每個負面情緒當作機會，讓自己永遠從那個負面情緒中解脫。就像我的導師說的，負面情緒只會在你準備從中解脫時才出現。歡迎情緒，不要試圖改變或擺脫它，你是無限存有，欣然接納是你的真實本質。要歡迎每一個負面感覺，直到你永遠擺脫它們。

「人有可能處於非常『平靜』的環境中，卻痛苦不堪；也有可能身在危險、吵雜、感覺非常負面的環境裡，卻全然平靜。」
揚・弗拉澤，出自《打開門》

　　碰到你有強烈觀點或持反對立場的主題，例如虐待動物，你要如何歡迎自己對這些事情的感覺？

　　要了解，你對該主題的不好的感覺正在對**你**造成傷害，且無助於你關心的事。要歡迎那個主題可能在你身上引起的身體覺受和感

覺，欣然接納你的反對，接納不公不義的感受。持續接納，直到你思及那個主題時沒有任何身體覺受或感覺留下來。

你可能會想，你不願停止對某個主題感受到痛苦，因為那樣你會不再關心它。但這是心智在告訴你的故事，而事實恰恰相反。你對某個主題的強烈抗拒會增強它，為它增添許多使其變大的能量和力量。所以，當你釋放你對它的負面感覺，就是在釋放你集中其上的所有能量，讓圍繞著該主題的種種狀況**失去力量**。沒有那個負面情緒，你那自然出現來取代負面情緒的愛和憐憫就有了原子能，可以為這個世界帶來巨大的改變。

讓我告訴你萊斯特·雷文森的故事。萊斯特透過在三個月期間釋放他所有的負面情緒和信念而開悟，在此之前，他有許多健康問題，包括憂鬱、偏頭痛、胃腸失調、黃疸、肝臟腫大、腎結石、脾臟問題、胃酸過多、導致胃穿孔並造成病變的潰瘍，以及冠狀動脈心臟病。

隨著萊斯特釋放他壓抑的負面感覺，每種疾病和痛苦都一一消失了。萊斯特把他釋放負面情緒的方法稱為「瑟多納釋放法」，而在他一名學生，也就是在《祕密》及這本書都有出現的海爾·多斯金的守護下，萊斯特的方法持續影響全世界的許多人。

「我放手，拆開了我打造的地獄。透過讓一切符合愛，試著去愛而不是被愛，以及透過對發生在我身上的一切負起責任，找到我的潛意識

思想並加以糾正，我變得愈來愈自由、愈來愈快樂。」

萊斯特・雷文森

「想起一段早年的痛苦回憶、一個一直被隱藏的沉重悔恨，看看在漫長的歲月裡，有多少念頭是那個事件引發的。如果我們能夠臣服於底下的痛苦感受，那些念頭會立刻消失，而我們也會忘記那件事。」

大衛・霍金斯博士，出自《臣服之享》

當某個回憶喚起一個被壓抑的感覺，而我們釋放或歡迎那個感覺時，無論該回憶有多久遠，依附其上的數百、數千個念頭都會跟著被釋放。沒有比這更棒的了！當你釋放依附在痛苦回憶上的感覺時，你感受到的那種輕鬆、快樂和「快感」無法形容，更不用說你的人生會如何徹底改變了。當你釋放那些被壓抑的感覺，你會確切知道它們一直在影響你身體的健康；當你看到人生的種種狀況都開始變好——肯定會變好——你將透過親身體驗知道，那些感覺也在阻礙你的人生。

我曾經在一個令人傷心的童年經驗上做過這個練習，那個經驗伴隨了我一生，而現在我已經不記得是什麼，只記得釋放掉它了。當我釋放那個回憶引發的受傷感受時，跟那回憶相關的所有念頭也被帶走，以至於連回憶本身都消失了！

令人傷心的回憶對我們來說是沉重的負擔，妨礙我們擁有自己應得的人生。那些痛苦的回憶不是真正的我們，你可以讓自己擺脫。

「注意到每個念頭背後的**感覺**，它就會消散。這是一種自我清理機制。利用消融感覺這條捷徑，透過歡迎、欣然接納感覺來消融數以百計的負面念頭。」

我的導師

光是釋放一個負面感覺就會帶走沒有數千、也有數百個負面念頭，知道這件事讓人備受鼓舞。當你消融負面感覺時，你就去除了懷疑、自覺沒有價值、需要他人認可、不安、缺乏自信的念頭，以及其他每一種阻礙你擁有一個充滿驚奇和持久快樂的人生的負面念頭。隨著每一個負面感覺被釋放，你的人生將會起飛。

特級練習

我想與你分享我的導師給我的一個寶貴練習，那改變了我的人生，而且我每天都在用。這個練習簡單卻有效，結合了本書兩個極其重要的練習——歡迎和保持覺知。我的導師說，當你保持覺知時，身體就是一個自動的自我清理裝置。這意味著保持覺知時，每個負面情緒的受困能量會自動鬆開，自行從你的身體釋放出來！你有時可以感覺到胸口附近的能量在鬆開。

步驟一：歡迎任何負面事物

敞開心，歡迎任何負面反應、負面感覺、負面的身體覺受、負面念頭或問題，在它們一出現就這麼做。

步驟二：保持覺知

透過讓注意力像相機鏡頭一樣維持視野寬廣，好讓它不會聚焦在任何細節上，來保持覺知。

因為覺知自然而然會歡迎、欣然接納，進行特級練習一段時間後你會發現，這兩個步驟合而為一。在你歡迎的那一刻，你會發現覺知瞬間就出現了。

自從進行這個練習以來，我注意到負面情緒和反應變弱了許多，而且很快消失。我甚至到了喜歡負面情緒或反應出現的境界，因為它不僅提醒我要歡迎它並保持覺知，而且當它消散時，感覺**棒透了**。

負面情境、狀況或問題出現時，我也運用相同的練習。我打開注意力、打開心，歡迎自己對該情境的負面感覺，接著盡我所能保持覺知。（我發現的一個保持覺知的寶貴方法，就是喜愛覺知。光是透過喜愛覺知，你就把所有的注意力集中其上了。）我發現，做這個練習後，負面情境很快就會改變。事實上，它肯定會改變，因為把負面情境緊抓在我們身邊的，是我們的抗拒！

「在那種覺知狀態下，所有的痛苦都終止了。」
揚・弗拉澤，出自《當恐懼消逝》

　　幾年前，我經歷了一個大多數人都會認為非常可怕和緊張的事件。但是，因為歡迎和保持覺知，該事件沒有像我還不知道這兩個練習時那樣影響我。

　　那時，野火可能會摧毀我居住的社區，我得撤離房子，但對於自己家的安全，我感受到一種沉著冷靜的狀態。我覺得很平靜，因為無論發生什麼，對我來說都沒問題。我已經撤離了，如果失去房子，我完全知道那會是最好的安排，人生需要帶我到一個不同的方向。大火已經失控好幾星期了，摧毀了所到之處的一切，最後漸漸逼近我家，燒毀了我居住的那條路上的房子。但我沒有恐懼，也不執著於任何結果，我知道無論發生什麼，我還是會很快樂。而因為對任何結果都沒有抗拒，我的房子一直很安全。我歡迎這個狀況，而我毫不懷疑我在那場大火中感受到的平靜與沉著，都歸因於我過去所做的歡迎練習。

「我已經領悟到，抗拒當下的事實，或是活在過去或未來，帶來了多少痛苦與不幸。我不認為我知道自己以前有多痛苦，這就好像我用錘子擊打自己的小腿骨，打了五十年，然後錘子從我手中掉了下來。」
揚・弗拉澤，出自《打開門》

　　你花在擺脫負面情緒的每一秒鐘都很值得。自從二〇〇四年發現「祕密」以來，我大部分時間的感覺都很好，但因著我在這本書中與你分享的知識和練習，近來我絕大多數時間都處在一種平和快樂的狀態。

　　你能想像一整天都沒有任何負面情緒影響你嗎？更不用說一個月或一年都是那樣的日子了。如果你沒有負面情緒，就不會有負面念頭來牴觸你想要的事物，那麼你就成了一塊磁鐵，吸引你想要的一切！當你親身經歷過，你就會知道這是生活真正的喜悅。

第七章摘要

- 快樂是你的自然存在狀態，所以如果你現在不覺得快樂，那麼你就是有個負面感覺在阻礙那個快樂存在。

- 覺知某個負面感覺，而不要以任何方式抗拒、表現或評判它，然後了解到這只是個感覺。

- 當你允許負面感覺存在，其背後的能量就會自然釋放。這是個自動的過程。

- 歡迎是一種消除負面感覺的練習。歡迎與抗拒正好相反，它是對負面感覺說：「好的，歡迎你。」

- 一開始，在打開注意力時將手臂往身體的兩側張開會很有幫助。你也可以有意識地敞開自己的心。

- 把「歡迎」這個方法用在任何讓你感覺不好的事物、任何負面念頭或故事、負面感覺、痛苦的身體覺受或回憶，以及限制性信念上。

- 當你允許某個不好的感覺存在，不去壓抑它，那個感覺再也不會那樣強烈了。

- 每個負面感覺都是來引導你回到真正的你。它們讓你警覺自己正在相信並不真實的故事，好讓你可以歡迎那些感覺，並且以真正的你——宏大的覺知——過生活。

- 負面情緒只會在你準備從中解脫時才出現。

- 如果你對某個主題有強烈感受，當你釋放你對它的負面感覺時，就是在釋放你集中其上的所有能量，讓圍繞著該主題的種種狀況**失去力量**。

- 當某個回憶喚起一個被壓抑的感覺，而我們歡迎那個感覺時，依附在那回憶上的數百、數千個念頭都會跟著被釋放。

- 當你釋放依附在痛苦回憶上的感覺時，你感受到的那種輕鬆、快樂和「快感」無法形容。

- 特級練習

步驟一：歡迎任何負面事物。

步驟二：保持覺知（喜愛覺知是保持覺知的一個方法）。

第八章

不再受苦

「這是最重要的一點：受苦是非強制性的。」
拜倫·凱蒂，出自《轉念，佛心自在》

　　你不是一定要受苦。當你以真正的自己——覺知——過生活，就不會再受苦。很難想像沒有痛苦的人生，但確定無疑的是，這可以是你的人生，就是現在。

「身體會有痛苦，但受苦是屬於心智層面的。」
戴邁樂

「你更高的自我不會受苦，但你熟悉的那個自我幾乎不知道如何不受苦。」
揚·弗拉澤，出自《存在的自由》

　　受苦來自相信了負面念頭。因此，受苦是自己強加的。

「我發現，當我相信自己的念頭時，我會遭受痛苦；但是當我不相信

時，我就不苦了，這對每個人來說都成立。自由就是那麼簡單。」
拜倫・凱蒂，出自《轉念瞬間，喜悅無處不在》

「每當你遭受痛苦，你的痛苦都包含在一個念頭中：『我不喜歡這樣。』換句話說，我們允許一個站不住腳、軟弱無力的念頭破壞了自己的快樂。」
魯伯特・斯皮拉，出自「痛苦包含在一個念頭中」這場演講

我們的心智往往以「不、不、不」來回應生活中的狀況，覺知則總是以「好、好、好」來回應一切。

「覺知甚至對『不』說『好』！」
我的導師

說「不」會把你不想要的事物抓在你身邊，對你不想要的一切說「好」則釋放了你的抗拒，允許你不想要的事物改變。這違反直覺，但事情就是這樣運作的。當你說「不，我不想要這個」時，就是在抗拒，而你會慢慢了解，凡你抗拒的，會持續存在。

「如果你停留在這種接納的狀態中，就不會再創造出更多負面事物、更多痛苦、更多不快樂。然後，你將生活在一種不抗拒的狀態、一種充滿恩典和輕盈的狀態中，不再有掙扎。」
艾克哈特・托勒，出自《當下的力量》

「我是真相的熱愛者，並非因為我是靈修之人，而是因為每當我與事實爭論，都會很痛。」
拜倫·凱蒂，出自《一念之轉》

「如果你此刻完全放下抗拒，絕不重新開始，光是那樣一個姿態，你就能讓自己從背負的龐大痛苦中解脫。」
揚·弗拉澤，出自《存在的自由》

如果不去抗拒已經發生的事，就不會有衝突，那個狀況的能量就會過去。面對某件事沒有抗拒的話，它就不會停留在我們的人生中；反之，假如我們抗拒已經發生的事，就會將那個狀況緊抓在身邊，於是我們會繼續受苦。了不起的「水手」鮑伯·亞當森老師說，就讓經驗來來去去，不要評判。

「只有緊抓不放，或是抗拒、推開，才會造成心理痛苦的困境。」
彼得·勞瑞，出自「沒有分離」這場演講

「大多數人終其一生都相信受苦是不可避免的。那真是可悲。如果你放棄『事情可以不是這樣』的可能性，就會毫無必要地受苦，直到死亡那一天。但有件事要告訴你：如果你變得自由，不再受苦會是最小的好處。真正的奇蹟不是痛苦徹底消除，而是湧進騰出來的『空間』的富足。」
揚·弗拉澤，出自《當恐懼消逝》

痛苦立即終結

　　我要與你分享的內容也許不容易理解，但如果你能領會，它將使你馬上免於受苦。心智讓人感覺好像**我們**是正在承受痛苦的人，而當然，如果不加質疑地相信自己的心智，我們的痛苦會很嚴重。但真相是，你是那個**覺知**到痛苦的，而不是正在承受痛苦的人。「正在受苦的人」是你相信的你自己，但那不是真正的你。

「當你認清沒有人在受苦，痛苦就終結了。」
海爾・多斯金

　　我的導師說，要問自己這個問題：

「我是正在承受痛苦的人，或者，我是那個覺知到痛苦的？」

如果我們可以停止相信心智的這個暗示：「我們是正在受苦的人。」痛苦就會立刻終結。

「一旦了解心智的本質，痛苦就無法存在了。」
拜倫・凱蒂，出自《轉念，佛心自在》

「覺知打開了門，消融了阻礙和掩蓋你自然的快樂狀態的所有信念、意見和思想。」
戴邁樂

「難怪當受苦的機制瓦解，且心智變得安靜時，感覺就像回到了家。家找到了你——這往往是印象，因為你不一定曾經試著找到去那裡的路，總之不是有意識地找。或者，也許你曾經一直尋找，但現在你知道，你始終找錯了地方。」
揚・弗拉澤，出自《偉大的甜味劑：思考過後的人生》

有一個信念尤其是世上所有痛苦的根本原因：我們是一個單獨分離的人。心智用念頭說服你相信自己只是一個人，世上有無數的事情可能出問題，你很容易因此受到傷害。如果你相信心智說的這個關於分離的故事，就會完全被它控制。心智會不斷地用可怕的念頭餵養你：你很容易受到傷害、壞事會發生在你身上、你和你的人生受到限制。可悲的是，如果你相信這是真的，這就會成為你的人

生。然而，事實正好相反。我們不是分裂開來的。**表面上看來**，我們是一個單獨分離的人，擁有作為一個單獨分離的人的**經驗**，但是對一個充滿持久快樂的宏大生命來說，要對這個真相保持覺知：你是無限而永恆的意識覺知；我們只有一個。

問題的終結

當某件事的發展不如預期，或是我們覺得它「出了錯」，我們就相信自己遇到問題了。而心智對問題的立即反應是：「我不要這個！」然而⋯⋯

「問題只存在人類的心智中。」
戴邁樂，出自《覺知：與大師對話》

「問題不是真的，只是想像出來的。沒有問題，不可能有的。真正的你沒有問題。問題是被製造出來的──每一個都是。」
我的導師

「所有的問題都是以記憶為根據。在這一刻，沒有問題。」
海爾・多斯金

「如果沒有人的心智，就不會有問題。所有問題都存在人類的心智中，都是心智創造出來的。」
戴邁樂，出自《重新發現生命》

　　真相是，問題只是我們心智的念頭創造出來的另一個故事。心智透過講述一個關於發生之事的故事，並把它變成問題，來詮釋生命。想經驗一個沒有問題的人生，不要相信心智，而是要運用覺知的力量來**覺知**自己的心智。

　　當你愈來愈以覺知過生活，就會清楚看見問題是想像出來的限制。你所是的無限覺知怎麼會有任何問題？

「這就好像你把手伸進火裡，然後說：『哎喲，太燙了！我的手被燒到了！天啊，我是不是有問題！』接著你又把手放回火裡，如此周而復始，直到有一天你發現自己正在這麼做，然後才停下來。如果你有問題，你就是把手放進問題裡然後大喊『好痛！』，又表現得好像沒有把手伸進去一樣。你表現得好像你沒有這樣做，但是你有。」
萊斯特・雷文森，《快樂是免費的》第一～五冊

「所有問題都來自小我。當你不給任何問題正當性，你就自由了。」
我的導師

　　困難之處在於，當你**相信**你有問題，你肯定會**經驗**到「有問題」。但如果你可以覺知到，這其實是心智和它的念頭在講述另一個負面故事，你就允許任何假設的問題分解、消失，因為你的信念已經不再把問題抓在你身邊或這個世界上了。

「任何人說『我有麻煩』，那都是在他的心智裡。心智是麻煩唯一存

在之處，因為除了心智，你無法在其他任何地方看到或想像出任何事
物。無論你看著什麼、聽到什麼、感受到什麼，都是透過你的心智、
存在心智中。那是一切事物所在之處。」

萊斯特·雷文森，《快樂是免費的》第一～五冊

「我要告訴你一件非常有力量的事。任何時候、任何地方都沒有任何
問題，只是缺乏愛而已。」

我的導師

當你不抗拒任何事物、當你如其所是地接納一切，這就是愛。愛
存在之處，沒有任何問題能夠存在。這就是為什麼沒有問題可以觸
及真正的你，因為你是純粹的愛。那是一種純粹到我們的心智無法
想像的愛，全然歡迎、接納、允許，完全不執著；那是了不起的開
悟者，例如佛陀、耶穌基督、老子、克里希納等人都展現過的愛。
你所是的這個純粹的愛永遠不會有問題。

但從一個受限的人的角度，問題確實看起來是真實的。心智的反
應與無限覺知相反，它會抗拒和否認事物的真實樣貌，而不是接納
和允許。

「生活就是一連串自然且自發的變化。不要抗拒變化，那只會製造
悲傷。讓現實如其所是，讓事物以它們喜歡的任何方式自然向前流
動。」

老子

「當沒有投入情緒在試圖迫使事情順我們的意時，它們就自由了，可以自行移動和解決。」

卡雅妮・勞瑞

透過運用《祕密》這本書裡的法則，我發現當我快樂時，我的人生幾乎沒有任何問題。那是因為從快樂之處，問題不是沒有出現，就是小到沒有能力干擾我的快樂。當我快樂時，問題看起來就像蟻丘；相較之下，當我處於絕望中，最小的問題都像山一樣大。所以，從快樂的至高層次——在這裡，我們知道自己是誰——來看，完全沒有任何問題，不是很合理嗎？

「世上的問題沒有止境。如果試圖找到盡頭，你將一直不斷地在解決問題，然後總是會找到更多。只要你意識到問題，它們就存在；唯有當你發現真正的自己，你才會找到問題的盡頭。」

萊斯特・雷文森，《快樂是免費的》第一～五冊

如何永遠擺脫問題

「你可以擺脫一切。你是想要透過改變、修正或試圖弄清楚一個問題來把注意力集中其上，還是想要擺脫它？」

我的導師

當我與我的導師分享一個我以為的大問題時，她對我說了下面這段話。你無法聽到比這更清楚的說明了：

「別再聚焦於這個問題。別希望它更多或更少。別再想要它消失。別再想要改變它。別再想要弄清楚它。別再想要控制它。當你決定成為覺知時，它自然會崩解。所有不是愛的事物，在愛的面前都會崩解；所有並不真實的事物，在覺知面前都會崩解。」

我的導師

　　正如《祕密》解釋的那樣，把注意力放在某事上，就給了它能量，所以當我們關注某個問題時，便會賦予它能量，讓問題變得更大。試圖修正、解決、控制或消除問題，意味著我們正把注意力集中其上！而當我們將注意力從那個問題移開，問題就消失了，因為所有能量都從它那裡移走了。它一定會崩解，就像從火中把氧氣取走，火就會熄滅。

「試圖擺脫問題等於緊抓著它不放。我們試圖擺脫的任何事物都緊抓在心智中，因而讓那個問題持續存在。所以，要改正一個問題，唯一的方法就是放下它。不要看問題，只看你想要的事物。」

萊斯特・雷文森，出自《意志力》有聲書

　　一旦把注意力從任何問題上移開，你就可以透過將心智和念頭集中在你想要的事物上，來運用心智創造出你想要的一切。

「能量會流向注意力之所在。」

麥可・柏納德・貝奎斯，出自《祕密》

　　我們將注意力放在不想要的事物上，期望那樣做會改變它，但情況正好相反。我們必須移開注意力，好讓問題消散。我聽人說過，問題就像不受歡迎的客人，你不去關注，他們就會離開！

　　運用覺知的力量來覺知你心智的負面念頭和故事，從而讓它們消散，你就能擺脫所有的問題和痛苦。這只是以下這件事的另一個例子：當你以你所是的覺知存在，你就擁有喜悅和至福。

「這是一個慢慢展現的奇蹟，要有耐心。你一輩子都用另一種方式做事，相信自己是任由人生擺布。不要指望整件事突然就復原了。」
揚・弗拉澤，出自《存在的自由》

第八章摘要

- 你不是一定要受苦。當你以真正的自己——覺知——過生活，就不會再受苦。

- 受苦來自相信了負面念頭。因此，受苦是自己強加的。

- 假如我們抗拒已經發生的事，就會將那個狀況緊抓在身邊，於是我們會繼續受苦。

- 問自己這個問題：「我是正在承受痛苦的人，或者，我是那個覺知到痛苦的？」真相是，你是那個**覺知**到痛苦的，而不是正在承受痛苦的人。

- 有一個信念尤其是世上所有痛苦的根本原因：我們是一個單獨分離的人。

- 問題只存在人類的心智中。問題不是真的，只是想像出來的。

- 想經驗一個沒有問題的人生，不要相信心智，而是要運用覺知的力量來**覺知**自己的心智。

- 當我們關注某個問題時，便會賦予它能量，讓問題變得更大；而當我們將注意力從那個問題移開，問題就消失了，因為所有能量都從它那裡移走了。

- 一旦把注意力從任何問題上移開，你就可以透過將心智和念頭集中在你想要的事物上，來運用心智創造出你想要的一切。

・運用覺知的力量來覺知你心智的負面念頭和故事，從而讓它們消
　散，你就能擺脫所有的問題和痛苦。

第九章

消融限制性信念

「所有信念都是想像出來的限制。」
我的導師

　　信念是什麼？信念只是一個我們一再重複想著的念頭──直到相信它為止。所有信念都是受限的，因為它們來自心智。來看一個例子：說某件事「好到不是真的」的信念。我們起初是聽別人說，接著自己開始有了這樣的想法，過了一段時間就相信它是真的，然後開始在世界上看到證據。在我們相信此事為真的那一刻，它就變成一個儲存在我們潛意識心智中的信念，並且從那一刻起，那個信念就成為在潛意識中自動運行的程式，而且一定會把自己投射到這個世界上，在我們人生中繼續證明它是真的。

「念頭是無害的，直到我們相信了它。」
拜倫·凱蒂

「重點不是小我說了什麼，而是我們有多相信它。」
穆吉

　　信念還會基於該信念丟出其他念頭，這些念頭會像唱片一樣播放。帶著「某件事好到不是真的」的信念，潛意識心智會播放這樣的念頭：「當我感到如此快樂時，我就覺得好像會有壞事發生。」「盡量利用它，因為這不會持續下去。」「壞事總是跟著好事。」「我很緊張，因為好事通常不會發生在我身上。」「如果某件事感覺好到不是真的，你就可以斷定它不是真的。」這些念頭對你來說可能很熟悉，這證明它們只是心智播放的唱片，且非你獨有。

　　我的導師說，想像一下，如果你接聽電話，另一端有個錄音說：「這是一則預錄訊息。立即將你所有的錢轉入這個銀行帳戶，這樣我們才能確保它的安全。」你會做嗎？你會相信錄音訊息嗎？不，你當然不會。那麼，你為何會相信心智錄製的東西？

你的信念導致你的經驗

「我們將自己的念頭和信念投射出去，然後它們又回來，成為我們的經驗。」

大衛·賓漢

　　無論你相信什麼，都一定會經驗到，因此你的信念至關重要。信念擁有堪比原子能的力量，因為它們會不斷將自己投射到你的人生中，並讓自己成真。信念是假的並不重要，如果你把某個信念植入潛意識中，它就會結果。

　　例如，你不可能抱持「我能獲得更多錢的唯一方法，就是花更多時間更努力地工作」這個信念，然後從多個你從未預料到的地方獲得意外之財。你的信念會阻止金錢從其他來源流入，這就是我們透過信念自我限制的嚴重程度。當你對某個人、狀況或情境抱持某種信念時，你一定會經驗到。沒有你信念的能量在背後支撐，念頭本身沒有力量。

「不快樂的原因只有一個：你腦袋裡的錯誤信念，那些信念如此普遍、大家都有，以至於你從未想過要去質疑。」

戴邁樂，出自《通往愛之路》

「不快樂的唯一原因，是對人生真實樣貌抱持的錯誤信念。」

彼得·祖班，出自《只是留意》

我們還可能對自己的信念變得非常執著，即使它們帶來了真正的壓力和痛苦，並讓我們陷入悲慘之中。我們的信念會使我們貧窮、使我們生病、使我們滿懷恐懼，並且傷害或破壞我們的人際關係。它們真的不值得珍惜或緊抓不放。

無論現在你人生中出現什麼狀況，都是你潛意識心智中的信念系統製造出來的。

「透過改變所抱持的信念，我們可以修改自己擁有的經驗。」
大衛・賓漢

「我們對自己和世界的許多看法和信念是如此根深柢固，以至於我們沒有覺知到它們是信念，並毫不懷疑地將之視為絕對真理。」
魯伯特・斯皮拉，出自《事物的透明性》

已故的大衛・霍金斯博士說過：

「去檢視一些普遍的信念並在一開始就放下它們，往往很有幫助，例如：

1. 只有透過辛勤工作、掙扎、犧牲和努力，我們才值得擁有事物。

2. 受苦對我們有幫助、有好處。

3. 我們無法不勞而獲。

4. 非常簡單的事情沒什麼價值。」

大衛‧霍金斯博士，出自《臣服之享》

偉大的聖哲敦促我們質疑一切。透過質疑，我們可以發現自己的限制性信念，它們掩蓋了關於我們的真相，以及這個世界背後的真相。

「你相信的沒有什麼是真的。知道這一點讓人自由。」

拜倫‧凱蒂

從幼年時期能夠理解大人傳達的訊息以來，我們就在潛意識中累積信念了。無論那是在電視上看到或聽到的事，或是別人說的某個觀點而我們接受了，當我們相信一個特定想法是真的，信念就形成了。不管怎樣，我們所有的信念都出自他人，無論是來自父母、家人、朋友、老師或社會。在相信別人告訴我們的事那一刻，賓果！信念就進入了潛意識，在我們的人生中上演！

例如，若某人相信「我很難減重」，那無論他怎麼做，那個信念都會阻止體重下降。

隨著時間過去，信念在潛意識中益發根深柢固，因為我們往上增加了更多念頭，例如：「一定是我的新陳代謝讓我這麼難以減重。」「我試過一堆節食方法，但似乎無法讓體重下降。」「減重花了我很長的時間，卻很快就復胖了。」「我全家人都很胖。」

「潛意識正在操縱我們，使我們成為習慣的受害者。」

萊斯特．雷文森，出自《快樂是免費的》第一～五冊

　　好消息是，因為信念僅由站不住腳的念頭組成，一旦被你覺知到，很容易就會被消除。當信念還儲存在潛意識心智裡，會自動繼續在你的人生中上演；但是當你真正覺知到自己的一個信念那一刻，那個信念就被拆除了。就像所有負面感覺都被釋放的時候，當所有潛意識信念都被意識到，結果就是你會永遠保持覺知。事實上，當你消除了一個，也同時消除了另一個。我採取雙管齊下的方法，每當信念和負面感覺出現，都將它們釋放。

　　揭露你的限制性信念會迅速將你帶往持久的快樂和完全的自由。過程中，你世俗生活的每個領域都會戲劇性地變得更好，因為它不再受限於信念。如果你認為自己無法成為、無法做到或無法擁有某樣事物，那就是一種限制性信念。想像你沒有任何限制的人生吧！

消融信念

　　你用覺知來消融信念——透過有意識地覺知它們。當你**覺知**到某個信念不是真的那一刻，它就崩解和消融大半了；如果你繼續將這個信念帶進你思考的心智中，提醒自己這只是一個信念而且不是真的，在那樣的審視下，它剩下的部分也將完全消融。這就是覺知的無限力量。

要認出自己的信念可能有點難，因為你相信它們是真理，而非信念！然而，一旦你覺知到某個信念，消融就開始了，而透過持續覺知，它剩餘的部分也會崩解。

你甚至可能到達忘記自己曾經相信的事情這種境界，因為信念真正消失了。信念和記憶都是念頭組成的，它們被儲存在潛意識心智裡，因此如果刪除一個信念，依附其上的所有念頭也會消失，包括構成其記憶的念頭。

「放下你相信的一切，你遲早要這麼做。你離世的時候無法帶走你的信念系統，那為什麼不現在就放下呢？時時刻刻都放下自己的信念，在不執著於任何信念系統的狀態下發現活著的喜悅。對這樣的信念，例如『快樂需要努力』或『為了快樂必須受苦』，你的執著很深。」
法蘭西斯·路西爾，出自《沉默的芳香》

你覺知到並因此消融的每個信念，都會將你的人生推向你從來無法想像的自由、富足、豐盛和喜悅的頂點。逐一消除那些信念，讓自己自由！覺知沒有任何信念，因為覺知**知曉**一切。

「事實上，信念系統微不足道，很容易放下。它們只是紙老虎！最好現在就放下信念，從此過著幸福快樂的日子。」
法蘭西斯·路西爾，出自《沉默的芳香》

你可以給潛意識心智一個指令，要它為你凸顯你的信念，讓你更

能覺知到它們。用這樣的話來指示潛意識：「讓我一個一個看清楚我的信念，這樣我就可以覺知到它們當中的每一個。」然後保持在非常覺知的狀態，這樣當信念出現時你就會注意到。

當你聽到自己說「我相信」或「我不相信」時要非常覺知，因為緊隨這些字眼之後的就是一個信念。當你聽到自己說「我認為」或「我不認為」時要非常覺知，因為緊隨其後的，也極有可能是一個信念。

當你發現信念其實只是你相信的一個心智故事時，那個信念不僅會消融，還會帶走依附其上的成千上萬個念頭——它們一直被埋藏在潛意識心智裡。信念不僅是由念頭構成的，它們還會不斷吸引新的念頭來支持自己，而且只要我們維持某個信念，它就會持續累積念頭。

信念可以維持數年、數十年或一輩子，這說明了為何這麼多人覺得沉重、有負擔，因為有數千個念頭依附在一個信念上。我們沒有意識到，是信念讓我們的人生如此沉重、讓我們覺得變老了，是信念使我們無法擁有自己應該過的人生。例如，想像一下你有多少念頭依附在「我只是一個與其他人分開來的人」這個信念上。現在再想像，當一個那樣大小的信念消融時，你會感受到的那種巨大的解脫、輕盈和遼闊。當你親身體驗，你就會了解那種感覺！

「要像一棵樹，讓枯葉掉落。」

魯米

反應：偽裝的信念

「反應是無意識的信念。」

彼得‧祖班，出自《只是留意》有聲書

　　揭露信念的另一個方法，就是去覺知自己的反應。對某事有所反應時，是因為有個埋藏在我們之內的信念引起那個反應。反應其實是偽裝的信念。例如，收到比預期高得多的電費帳單時，我們做出負面反應。引起反應的是「缺乏金錢」的信念，但就像所有信念一樣，只有當我們相信它時，它才會在生活中成真。

　　當你注意到自己對某事起反應時，你要做的就是對那個反應有所覺知。當你覺知到反應，你就取走其力量了，因為你的覺知有能力消融每一丁點的負面性和不和諧。

「當你做出反應時，就是在認同；當你做出反應時，就是讓事情往心裡去了。別那麼做，只要注意到反應就好。」

我的導師

記住，對事情有所反應的是心智，不是你。是心智在認同，讓事情往心裡去，因為它是從「一個人」的角度出發。當你覺知到自己的反應——透過在當下留意它們——你不僅取走了心智的反應能力，也揭露了藏在反應之下的信念，而一旦暴露出來，信念便會消散了。

「如果你希望擺脫掉某個行為、傾向或習慣，請注意，你已經自然對它有所覺知了。如果你真正了解這一點，如果你超然地觀察它，你會立即感受到脫離其掌控，並且不再進一步認同它。這非常重要。」
穆吉

覺知會消融不真實的一切。當每個信念一一消散，你會在身體上感受到不同——你會覺得更輕盈；你會在心理健康上感受到不同——你會覺得更快樂；你會看到自己的人生有所不同——人生變得真正不費力而神奇。無論你需要什麼、想要什麼，似乎就這麼落入你手中。

我想分享萊斯特‧雷文森不可思議的故事的另一部分。如果你還記得，萊斯特三個月內就開悟了，同時治癒了身體的多種疾病。在此之前，他四十歲就有嚴重的心臟問題，被醫生宣判死刑。醫生說萊斯特隨時可能會死，他們無能為力。萊斯特回家了，頭幾天被死亡嚇壞了，接著他決定，如果他即將死去，那麼他至少要反思自己的人生，弄清楚他為什麼很少感到快樂。這開始了萊斯特在短短三個月內消除他體內每一個信念及被壓抑的負面情緒的過程。隨著所

有負面性都從他身體消失，心臟的狀況自行解決了，萊斯特又活了四十年，活在完美的健康狀態和持續的喜悅中。更重要的是，因為消除了所有信念和被壓抑的情緒，萊斯特發現了真正的自己。

　　而現在你知道他是怎麼做到的了。

第九章摘要

- 信念只是一個我們一再重複想著的念頭——直到相信它為止。所有信念都是受限的，因為它們來自心智。

- 信念儲存在我們的潛意識心智中，在那裡以自動程式運行。

- 信念會不斷將自己投射到你的人生中，並讓自己成真。

- 無論現在你人生中出現什麼狀況，都是你的信念系統製造出來的。

- 當你聽到自己說「我相信」或「我不相信」時要非常覺知，因為緊隨這些字眼之後的就是一個信念。

- 當你聽到自己說「我認為」或「我不認為」時要非常覺知，因為緊隨其後的，也極有可能是一個信念。

- 質疑一切。透過質疑，我們可以發現自己緊抓不放的限制性信念，它們掩蓋了真相。

- 當信念還儲存在潛意識心智裡，會自動繼續在你的人生中上演；但是當你真正覺知到自己的一個信念那一刻，那個信念就被拆除了。

- 你覺知到並因此消融的每個信念，都會將你的人生推向自由、豐盛、輕盈和喜悅的頂點。

- 你可以給潛意識心智一個指令，要它為你凸顯你的信念，讓你更能覺知到它們：「讓我一個一個看清楚我的信念，這樣我就可以覺知到它們當中的每一個。」

- 一個信念消融時，還會帶走依附其上的成千上萬個念頭，那些念頭也一直被埋藏在潛意識心智裡。

- 我們沒有意識到，是信念讓我們的人生如此沉重、讓我們覺得變老了，是信念使我們無法擁有自己應該過的人生。

- 要揭露信念，就去覺知自己的反應。反應其實是偽裝的信念。

- 當你注意到自己對某事起反應時，你要做的就是對那個反應有所覺知。當你覺知到反應，你就取走其力量了。

第十章

永恆的快樂

「我活在永恆快樂的現在。這不是一段時間後會變得無聊的平凡快樂，以至於你會只為了有所變化而歡迎一些挑戰。我經驗到的喜悅更令人陶醉數十億倍──千變萬化，永遠新鮮。在那種意識中，你會感覺到世上所有的快樂都流經過你。」

帕拉宏撒·尤迦南達

　　你**就是**快樂。這就是你的真實本質！快樂不是當你收到想要的東西、當你感覺比較好、當你克服某個挑戰或達到特定目標時才會發生的事。快樂──一個永不停止的快樂泉源──此刻就在你之內！

「一個人必須了解自性，才能打開純粹快樂的儲藏庫。」

拉瑪那·馬哈希，出自《走向靜默，如你本來》

「不要指望從塵世生活中獲得純粹的平靜與快樂。你的新態度應該是這樣：無論經驗到什麼，都像看電影一樣客觀地享受。你必須在自己之內找到真正的平靜與快樂。」

帕拉宏撒·尤迦南達，出自《人的永恆追尋》

「快樂是我們的自然狀態。快樂是小孩子的自然狀態，天國是屬於他們的，直到他們被社會和文化汙染和毒害。要獲得快樂，你不需要做任何事，因為快樂無法被取得。有人知道為什麼嗎？因為我們已經擁有它了。你要如何取得已經擁有的事物？那你為什麼沒有經驗到它？你必須放下幻相。你不必為了快樂增加任何事物，而是要丟掉某樣東西。人生是不費力的、愉快的，它只有對你的幻相來說很艱苦。」
戴邁樂，出自《覺知：與大師對話》

　　我現在帶著一股一直與我同在的潛在快樂過生活，這源自歡迎負面感覺和保持覺知。然而，有好幾次我覺得被真正天堂般的快樂籠罩，超出我以往有過的任何感受。它似乎憑空出現，我的意思是沒有任何事物引發它。那種快樂出現時，所有負面性徹底消失，來自我人生的任何痛苦回憶在那一刻都不見了，彷彿從未真正發生過。我馬上認出這種天堂般的快樂是我們真實本質的快樂，無法跟獲得想要的事物那種快樂比較。這種層次的快樂遠遠超越我有過的任何感受。

　　我希望透過我的分享，你也能敞開自己接受經驗它的可能性。一旦感受過你自然的快樂狀態，你就只想在那種狀態中過生活了。

「我在內在發現一股喜悅，它從未消失過，一刻都沒有。那股喜悅始終在每個人之內。」
拜倫・凱蒂，出自《轉念瞬間，喜悅無處不在》

這種快樂就像墜入愛河的感覺，無論是愛上伴侶，還是母親愛上自己的新生兒。你知道那種一頭栽進去、完全沉浸在愛裡的至喜嗎？你永遠不想讓這種感覺結束。墜入愛河時之所以會經驗到這種天堂般的感受，是因為我們在另一個人身上失去了「自己」，而當我們失去小我心智，覺知即刻出現在前景，洋溢著喜悅和天堂般的快樂。

「所有人都在自己的每個行動中尋求同樣的事物。世人稱之為終極的快樂，我們叫它我所是的『我』。找到你自己，你就找到了最大的快樂，獲得最大的滿足。」
萊斯特・雷文森

「簡言之，快樂就是成為你的自性。不是你大部分時間假裝的那個有限的自我，而是你所是且一直都是的無限的自性。這就是你經驗到其他所有事物之前、正在經驗時，以及經驗之後始終毫不費力存在的那個自性。你是那光芒四射卻不變的背景，允許其他的一切存在。」
海爾・多斯金，出自《快樂是免費的》

「要找到真相或快樂，你必須往內找——你必須看到一體性，必須看到宇宙的真實面貌，它不是別的而是你的意識，不是別的而是你的自性。這很難描述，必須去經驗。只有自己經驗過才會明白，沒辦法透過聽人說學到，書籍和老師只能指出方向。要獲得完全取決於我們，那就是這條路的美妙之處。沒有什麼可相信的，每樣事物都必須被每

個人經驗和證明到他滿意，然後才會被接受。」

萊斯特・雷文森，出自《快樂是免費的》第一～五冊

覺知等於快樂

　　你不是那個快樂的人——你就是快樂本身。你的真實本質，覺知，**就是**快樂。沒有別的快樂，只有你真實本質的快樂。你人生中任何時候都感受到的快樂**就是**覺知的快樂！在你覺得快樂的那些時刻，你稍稍瞥見了自己的宏大。

「要了解快樂的時刻來自恩典，而這快樂的時刻教導我們，快樂不在某個物體中。我們必須知道，此刻我們就是這個快樂。物體幾乎無關緊要，它是夢的一部分，但快樂是真實的。」

法蘭西斯・路西爾，出自《沉默的芳香》

　　當你快樂時，人生就會如你所願。對你人生中的狀況來說，沒有什麼比你感到快樂更好。當你快樂時，問題往往自行解決，事情都有條不紊地進行，完全不需要你費心。當你快樂時，彷彿整個宇宙都在替你想辦法，並在你需要的時候提供你所需。你愈快樂，人生愈不費力；愈不快樂，你做每一件事都會花費更多心力。

「你的行動愈是出於小我，要完成事情就愈困難、愈不和諧且愈痛苦。」

萊斯特・雷文森，《快樂是免費的》第一～五冊

外在世界沒有快樂

「有些人在快樂所在之處尋求，因此變得更快樂；其他人則在並非快樂所在的這個世界盲目追求，結果變得愈來愈沮喪。」

萊斯特·雷文森，《快樂是免費的》第一～五冊

在這個世界上尋求快樂，我們的快樂會稍縱即逝。無論獲得多少東西或擁有多少經驗，來自物質事物或經驗的快樂注定會來來去去，然後我們又回頭透過下一個物質事物或經驗尋求快樂。我們說服自己，持久的快樂存在這個世界，但它根本不在那裡。

「只有往內走，我們才會發現所有的快樂都在那裡。我們唯一能感受到快樂的地方就在自己之內，那正是快樂所在之處。每當我們將這種快樂歸因於某個人或外在的某樣事物，我們得到的痛苦會比愉悅多。」

萊斯特·雷文森，《快樂是免費的》第一～五冊

「我們不必等到狀況對了才能快樂。」

魯伯特・斯皮拉

　　每個曾經活著或現在活著的人都被同一個目的驅動 —— 對快樂的渴望。我們做的每件事、我們不做的每件事，以及我們爭取、設計、規畫、獻身、希望和夢想的一切，都是因為我們認為自己擁有或不擁有它會更快樂。想要快樂是每個人做出每個決定背後的單一驅動因素 —— 而根據估計，我們一天會做出三萬五千個決定！然而，所有的規畫、計畫、行動、汗水、眼淚和決策，都無法使我們更接近自己在世界上徒然尋求的快樂。一直以來，我們追尋的快樂就在自己之內。

「那麼，出路是什麼？不要在世界上尋求快樂，而是要在快樂所在之處尋找，就在我們之內，在我們自己的意識之內。」

萊斯特・雷文森，出自《快樂是免費的》第一～五冊

當……的時候，我就會快樂

　　當我們相信快樂來自外面，就會習慣暫時擱置快樂，直到狀況對了。你是否想過或說過「（當）……時我就會快樂」，而那個點點點的地方是未來的某件事？「當考試結束且畢業了，我就會快樂」「買新車時，我就會快樂」「找到伴侶時，我就會快樂」「結婚時，我就會快樂」「有更多的錢時，我就會快樂」「成功時，我就會快樂」「度假時，我就會快樂」「體重減輕時，我就會快樂」「當我

們有了孩子時，我就會快樂」「生意開張且運作順利時，我就會快樂」「健康狀況改善且感覺好多了時，我就會快樂」，這清單可以一直列下去。

當我們相信快樂源自外在事物，就暫時擱置了自己的快樂。我們在等待某件事或某個人使我們快樂，但要從外在事物獲得持久的快樂是不可能的，無論等多久都不會發生。

也許如果你活得夠久、夠成功，並且擁有許多美好的人生經驗，那麼你已經發現在這個世界上找不到快樂；尤其如果你實現了一個非常大的夢想，那麼你可能已經了解這件事的真相。我們說服自己，實現最大的夢想時——例如取得巨大的成功、獲得財富、找到完美伴侶或生兒育女——我們最終會真正快樂。

但是，當一個很大的夢想真的實現時，雖然很美好且令人興奮，但我們發現，原以為會擁有的恆久快樂幾乎與我們從其他事物上獲得的快樂一樣短暫。透過自己的苦澀經驗我們也許終於領悟到，快樂並非來自外在世界。這可能會讓某些人很洩氣，因為他們往往會得出這個結論：持久的快樂是個幻想，永遠不會發生。

但是，持久的快樂並非幻想，它是你這個存有的真相，是你的本質。在所有不必要的搜尋之後，你終於了解你追尋的快樂此刻就在自己之內，這是個重大發現！當你可以看見其中的真相，持久的快樂就會在你的掌握之中，因為你將不再徒勞地向別人或在這個世界

上尋求自己的快樂。

「當你了解了，路就會變得非常筆直。你不再追逐彩虹，而是到你知道它存在的地方尋求快樂——就在你之內。」
萊斯特・雷文森，出自《快樂是免費的》第一～五冊

　　想像一下，幾千年來，數十億人在他們生命的每一天都在拚命尋找快樂，彷彿可以在世上各種地方找到一樣；而一直以來，只有一個地方可以找到快樂——在我們的真實本質，覺知之中。這整個安排就像宇宙開的一個大玩笑，也許這就是佛陀在菩提樹下大笑的原因，因為在世間追尋十六年之後，他終於發現真相就在自己之內。仔細想想，歷史已經告訴我們，沒有多少人曾經想過要在自己的內在尋找快樂。

　　然而，我們人生中都被提供過許多路標——常常是透過苦澀的經

驗——指引我們快樂並不來自外在世界。每一次快樂來到又離去，都是另一個路標，指引你從外在世界轉過身向內看。

現在，我們可以到快樂所在之處尋找快樂，而不是到它不在的地方。你可以停止向伴侶或孩子尋求持久的快樂，你可以停止向你的工作、新房子、衣服、假期或車子尋求持久的快樂。這些事物都不可能使你永遠快樂，因為它們一直在變；更別提你的個性也一直變化，今天喜歡的，明天就不喜歡。你的快樂存在**真正的**、不變的你，也就是覺知之中，沒有人可以給你快樂。

當然，我們可以享有世上所有我們想要成為、做到或擁有的美好事物，但要享有那些事物，我們必須完全知曉，唯一能找到真正恆久快樂的地方，就是自己的內在。

「你不會獲得快樂，你的本質就是快樂。至喜不是新取得的，你所做的就是消除不快樂。」
拉瑪那‧馬哈希

你的想法決定了你的感受，所以如果你不快樂，是因為你正想著自己不想要的事物。而你的心智只能在過去或未來中運作，所以，你不是正想著過去某件使你不快樂的事，就是在想未來某件讓你不快樂的事。

「思想扼殺了快樂的能力。」
萊斯特・雷文森，《快樂是免費的》第一～五冊

　　橫在你與恆久快樂及真正的你中間的，是一個念頭。無論那是悲傷的念頭、恐懼的念頭、憤怒的念頭或令人沮喪的念頭，最終都在說同一件事──「我不想要這個」──用來回應已發生的事。而因為相信那個念頭，不快樂就像毯子一樣突然披在你身上，掩蓋了你真正所是的快樂。

「念頭先出現，然後是感覺，接著是情緒（如眼淚）。總是那樣發生的，但人們往往先感受到情緒，而沒有意識到是先有一個隱微的念頭產生了感覺，然後情緒才出現。」
「水手」鮑伯・亞當森

「你會經驗到不快樂，唯一的原因是你認同了一個不快樂的念頭。」
我的導師

「人生很簡單，一切都是**為你**發生，而不是發生**在你身上**。每一件事都在對的時刻發生，不會太快，也不會太慢。你不必喜歡……只是如果喜歡會比較容易。」
拜倫・凱蒂，出自《轉念瞬間，喜悅無處不在》

　　希望你開始看見當你相信自己的心智和它的負面念頭時，會對你的人生造成的嚴重破壞。每次我有機會幫助遇到困難或挑戰的人

時，他們受苦的原因總是因為相信了心智的負面念頭，而我在自己的人生中遭遇任何困難時也是這樣。因此如果可以，當你因為某個狀況而覺得痛苦或受傷時，讓那個受傷的感覺成為一記警鐘，告訴你此刻你正在相信並不真實的負面念頭。一旦停止相信自己的心智，你就會開始注意到心智傾向反對大多數事物，掩蓋了你固有的快樂。

「如果你不去思考，此刻有什麼問題？」
「水手」鮑伯・亞當森，出自《點點閃耀的寶石》

「你尋求的平靜已經存在。那份平靜似乎被掩蓋住，因為我們的注意力被轉去思考了。」
卡雅妮・勞瑞

儘管心智喋喋不休、評論個不停、本質矛盾，還會抨擊我們，令人驚訝的是，很多人仍然相信自己的心智，把它當作這個世界的權威。你不必讓心智停止、靜止或安靜下來，你只要不再相信它！當你不再相信心智，它會自動變得比較安靜，然後快樂會像一股至喜的浪潮，在你的內在升起。

抗拒快樂

聽到時令人難以置信，有許多人都抗拒快樂。我們沒有意識到自己正在這樣做，因為我們的抗拒來自一個被壓抑的信念，那個信念

可能從我們小時候被告知要約束自己天生的、無拘無束的熱情和喜悅時就一直存在。你有沒有聽過「幾歲就該有幾歲的樣子」「成熟點」「別再炫耀了」或「冷靜點，保持安靜」之類的話？如果有，你可能有個信念：要獲得認可，你必須保持鎮定和安靜，因為當你興奮、喜悅地跑來跑去時，你會因吵鬧惹上麻煩。結果隨著時間過去，我們逐漸習慣控制和壓抑我們自然的喜悅。然而，光是意識到自己一直在抗拒快樂，我們就打破了那個信念，從中取走大部分力量。

「我們天生就快樂，所以如果沒有經驗到快樂，我們就是在抗拒快樂。」
我的導師

「如果你沒有主動讓自己悲慘——你就會快樂。」
戴邁樂，出自《重新發現生命》

　　我們不必做些什麼才能快樂，而是必須停止做我們正在做的那些讓自己不快樂的事！

「快樂沒有挑戰性，不快樂才有。當你說快樂有挑戰性，意味著快樂涉及努力、時時警覺和奮力爭取。如果我們相信快樂需要努力和奮力爭取，只會讓痛苦永遠存在。」
法蘭西斯·路西爾，出自《沉默的芳香》

「你難道沒有感受到你生命潛藏的無限快樂嗎？」
我的導師

　　如果我們的自然狀態是快樂，那麼想像一下不快樂要耗費的能量有多龐大。

　　在世界各地，抗拒都在剝奪大多數人的快樂。我們不允許事物如其所是，而是用「我不想要……」這個重複的念頭來抗拒正在發生或已經發生的事，然後用一串沒完沒了的「不想要」填滿那個點點點的地方。

「沒有任何外在事物能干擾我們。只有當我們希望事情有所不同、不要如其所是地呈現，我們才會受苦。」
拜倫・凱蒂，出自《一念之轉》

「快樂就只是允許一切時時刻刻如其所是。」
魯伯特・斯皮拉

　　如果你能停止抗拒人生中和世界上正在發生的一切，那麼天堂般的快樂就會是你的。開悟只是天堂般的快樂另一種說法。你已經是開悟的了，你已經是天堂般快樂的了，這不是只有被選中的少數人可以經驗的事——它們**就是你**，以及其他每一個人！

執著

「如果仔細看，你會發現有一件事、且只有一件事導致不快樂。那件事的名字叫執著。」

戴邁樂，出自《通往愛之路》

　　當我們由於害怕失去某樣事物而緊抓不放——因為我們相信沒有它就無法快樂——便會產生執著。執著常常被誤認為愛，但執著不是愛。愛裡面沒有絲毫恐懼；愛允許一切事物自由，無論那些事物是來，或是走。執著把自己偽裝成愛，但它會因為害怕失去某樣事物而想要緊抓不放。

「盲目的不是愛，而是執著。執著是一種緊握的狀態，源自一個錯誤信念：某事或某人對你的快樂而言是必要的。」

戴邁樂，出自《通往愛之路》

　　想像有兩個人在同一家公司工作，他們都說喜愛自己的工作，每天上班都很快樂。然後有一天，他們剛到公司就聽說那天要裁員。聽到消息，A 員工的身體立刻充滿恐懼：「如果我被裁員怎麼辦？如果我找不到另一份工作怎麼辦？我將無法支付帳單或房貸，我會失去我的家。」這些念頭全都來自對他工作的執著，你可以在這些念頭中認出恐懼。

　　然而，B 員工有不同的看法。他知道無論發生什麼他都會快樂；

他知道人生中的事一直在變，而無論當時看起來怎麼樣，一切都是最好的安排。他從自身經驗知道，當某件意料之外的事發生時，就會有更好的事到來；如果他因為任何理由被裁員，他知道自己會找到另一份工作，而且那份工作甚至更好。這就是不執著。

你認為哪個人比較快樂？你認為誰擁有更美好的人生？

「事實上，你不知道快樂是什麼，直到你放下執著。」
戴邁樂，出自《重新發現生命》

「我的人生是一連串事件，就像你的一樣。只是我抽離開來，將演完的視為一場已經過去的表演，你卻堅持不放，跟著事情一起前進。」
尼薩加達塔・馬哈拉吉，出自《我是那：一位悟道者生命及行事的獨特證言》

以執著於一個人的情況而言，執著源自「缺乏愛」的信念。你相信這個人對你的愛和快樂來說很關鍵，沒有他，你的愛和快樂就會消失。這個信念合理化了執著，使你處於極端的危險中，因為每樣事物一直都在變，沒有人會永遠在這裡。

「人們彼此需要，認為這就是愛。一個人在愛的時候，不會緊緊抓住或束縛對方。」
萊斯特・雷文森

執著的根扎得很深。通常，我們的執著形成了我們認為自己是誰

的身分認同，而且我們覺得如果放下執著，我們將失去自己的身分認同。因此，雖然執著一直剝奪我們的快樂，並將我們囚禁在悲慘中，我們還是堅持執著。

當你相信某樣事物數量有限，你就會執著於所擁有的。我們會執著於自己的身體、心智、自我形象、伴侶、孩子、父母、家人、朋友、寵物、職業、個人成就、名望、技能、嗜好、宗教、成功、車子或房子之類的物質事物，以及主張、信念和觀點。你可能已經看到人們因為對自身主張有很深的執著，而激烈捍衛自己在政治、宗教及其他許多主題上的信念。

「我們與自身念頭是如此緊密結合，以至於從未想過要跟它們分開。然而，除非這樣做，否則我們會繼續盲目地執著於物質身體，以及總的來說，執著於擁有悲慘的人生。」
萊斯特・雷文森，出自《快樂是免費的》第一～五冊

長期以來，我們的心智深深執著於無數固著的觀念。諷刺的是，我們堅持的這些觀念其實造成了束縛，使我們受到限制、讓我們的人生沉重，並扼殺了我們自然的快樂。

歷史已經讓我們看見，人們可以如此執著於自己的信念，寧可死也不願放下。對某些人來說，儘管悲慘、痛苦，但對自身信念的執著是唯一能讓他們繼續前進的事。

「人們不想要快樂。為了快樂，他們必須改變自己的信念和觀念，但他們堅持不放。他們說，想都別想。我們拒絕快樂，除非自己的願望得到滿足。」

戴邁樂

如果你可以一一清空自己所有的意見和固著觀念，你會開悟，因為當你擺脫所有的論斷，你就允許事物如其所是了。然後，你將對充滿你這個存有的喜悅和快樂感到敬畏，更不用說你人生的每個領域將如何自然地持續向上了。

正如我在《祕密》十週年版中所寫的，你抱持的意見愈少、做出的結論愈少、堅持的固著觀念愈少，你的至福和喜悅就愈多。

真正執著的不是**你**，而是你的心智！對心智來說，執著是愉快的經歷，因為執著讓心智變強大，把我們囚禁在這個信念中：我們是一個有限的、分離的人，而不是我們真正所是的那個無限、天堂般快樂的覺知。因為執著來自心智，當心智執著的某樣事物受到威脅時，你會感受到明顯的恐懼。

你的心智最大的執著，就是執著於作為小我和一個單獨的人。即使真相——我們其實是覺知——如此令人驚歎，心智仍然堅持我們是分離的人這個觀念。

除了心碎和痛苦，執著的人生沒有其他結果，因為在這個物質世

界中，沒有任何事物是持久或永恆的，包括我們的身體。在你沒有
意識到的狀態下，心智用你的快樂換來了執著。

　　戴邁樂在他對佛陀的四聖諦的詮釋中，很好地總結了執著：

「這個世界充滿悲傷，
悲傷的根源在於對執著的渴望。
想要擁有一個沒有悲傷的人生，
解決之道就是放下執著。」

戴邁樂，出自《重新發現生命》

　　你可以渴望並擁有你想要的一切，只有當你執著於那些事物時，
問題才會出現。

覺知 vs. 執著

　　你不必掙扎著試圖消除執著，無須花費大量精力來嘗試改變你的
感受。執著來自對心智的認同，因此，要讓自己擺脫執著，你要做
的就是愈來愈保持覺知，那麼你所有的執著都會一一掉落！我真不
知該怎麼跟你說，當你不受執著掌控時，人生有多美妙。你對每個
人和每樣事物的愛深刻許多，但同時，當某樣事物結束或改變時，
你不會感受到無法忍受的悲傷。

「這是我的祕密：我不在乎發生什麼事。」
基度‧克里希那穆提，出自一九七七年於奧海鎮的第二次公開演講

　　克里希那穆提的話告訴我們，不執著於任何事物會是什麼樣子。他的話是真正的無執。雖然我知道你可能很難相信自己可以有這種感覺，但那只是心智告訴你的。記住，無執是你的真實本質；無執**就是你**，覺知。

　　許多年前，我的家人和我在澳洲鄉間有一棟漂亮的房子。我的兩個孩子喜歡住在鄉下，她們很喜歡那棟房子。那是一段迷人的生活，但不幸的是，利率攀升到超過十八％，儘管兼差又延長工時，最終我丈夫和我還是無法支付房貸。我們忍受了三年的巨大犧牲和痛苦，試圖留住那個房子，但仍然失去了它。在終於要搬離的那天，我想到我們經歷的痛苦，決定再也不對另一個房子有所執著了。受了夠多的苦，我們就會改變。

　　從那時起，我愛上我住過的每棟房子——我對其中幾棟的喜愛勝過之前的其他任何房子——但我從來不執著。住在裡面時，我充分享受和感謝那些房子，完全不害怕有一天會不再擁有它們；而當離開的時刻到來，我可以只滿懷感激地離去，沒有絲毫悲傷。

「不執著於任何物體，包括身體及物質事物，快樂就會出現。」
法蘭西斯‧路西爾

我們身處物質世界，而所有物質事物都一定會結束。如果執著於某樣事物，當它消失時，你保證會受苦；但假如你深愛此刻在你生命中的事物——如果你對此時在這裡的事物真正心懷感恩，如果你全然感謝它——那麼當它消失時，你絕不會感受到同樣程度的痛苦。

從童年到成人時期，我與母親有非常親密的關係。她不只是我的母親，我還把她當成最好的朋友。我曾經對她即將死去感到恐懼，因為我無法想像沒有她的生活，或者如果她不在了，人生有什麼價值。而發現「祕密」後，我對生命中的一切都充滿感恩和謝意，尤其是對我的家人和母親。我感謝與她相處的每一刻；我會不斷告訴她，她在我一生中為我做的所有對我意義重大的小事、大事；我會不斷告訴她，我有多愛她。因此，當母親過世時，我沒有像早年那樣痛苦，反而覺得我對母親的愛擴展到比宇宙還大。而到今天，它從未改變。

你就是愛，而愛與執著正好相反，因為愛賦予一切事物來去的自由。無論發生什麼，愛都接納、都允許。

「愛就是你，你本身已經是愛了；愛不追求任何事物，它已然完整；愛既不想要什麼，也不需要什麼，它裡面沒有『應該』二字。」
拜倫・凱蒂，出自《我需要你的愛。這是真的嗎？》

我可以向你保證，當你放下執著，你感受到的愛會完整且巨大到

你覺得宇宙好像容納不下。你執著的一切都會被這個全能、全知、全在的愛取代。有人把這種愛稱為「神」。

當人們發現自己在耶穌、佛陀、克里希納或其他任何完全開悟的人面前時，他們內在的任何負面性立即消散了。那就是純粹且無條件的愛的強大力量。它會立即消融所有的不和諧及負面性，會消融任何不是愛的事物。這個全能的愛是你的真實本質；它就是你。

從快樂開始

「你不需要任何事就能快樂，但悲傷需要某件事。」
彭加尊者（帕帕奇）

「當我們知道覺知一直存在，身心的轉化就會發生。身心被無來由的喜悅打中，從『必須努力才能獲得快樂』的信念解脫出來。快樂不是透過努力、透過受苦就能得到的東西。我們如何能透過受苦得到快樂？更多的痛苦如何能使我們快樂？我們必須從快樂開始。為了變得快樂，我們常常接受了更多痛苦。」
法蘭西斯・路西爾，出自《沉默的芳香》

無論身邊發生什麼，你都可以在這一刻就快樂。快樂不是你必須尋找或等待的東西，因為它此刻就與你同在這裡。

「我們現在就可以擁有自由和快樂，不必等待它在遙遠未來的某一

天到來——當我們足夠努力,值得擁有自由和快樂,或是當我們以某種方式成功地讓自己做好準備時。我們現在就有理由擁有喜悅和快樂。」

海爾‧多斯金,出自《瑟多納釋放法》

「你是終極的喜悅。尋找喜悅就像我在尋找萊斯特,我就是萊斯特,不必出去找他;如果我是喜悅,我不必在外面尋找它。既然喜悅在你之內,就不必出去找了。」

萊斯特‧雷文森,出自《快樂是免費的》第一~五冊

「當你發現自己想要愛,要知道,那就像湖在找水。」

海爾‧多斯金

「發現平靜、快樂和愛始終存在我們自己之內,並且在每個時刻的經驗中、在所有情況下都完全可得,這是任何人所能做出最重要的發現。」

魯伯特‧斯皮拉,出自《平靜與快樂的藝術》

因為快樂是你的真實本質,所以你無法獲得快樂;你只能**是**快樂。如果你快樂,你就是在作真實的自己,覺知!當你是你所是的覺知時,你便與生命的一切和諧一致,而說你的人生將變得充滿魔力都是大大低估了呢。

「那是當一個人完全活過來的時候——不是在受孕時、不是出生時,

或是壯年期，也不是在我們喜歡引用的任何儀式化時刻，洗禮及婚禮、成人禮及畢業典禮。它會在自我感崩解、在風被允許帶走我們相信自己所是的虛幻事物時到來。那時我們才真正活著。感覺有點像死亡（畢竟你一直都是的那個人不再存在了），但是……但是……你驚訝地發現自己還持續著，發現有延續的人生。死後還有人生，你發現了什麼叫作人間天堂。」

揚・弗拉澤，《打開門》

允許自己快樂，允許自己是你真正所是的快樂。快樂此刻就在這裡。面對威脅到你的快樂的任何事物，解決辦法都是覺知的力量。如果你打開注意力，保持你所是的覺知，你就會快樂！

如果你不覺得快樂，記得要歡迎任何不是快樂的感覺，允許它存在，不要試圖改變它或擺脫它。當你歡迎存在的任何感覺，你會感受到它融入你真正所是的快樂中。

每當你張開雙臂歡迎不快樂的感覺，你就更接近持久和永恆的快樂，更接近和諧而充滿魔力的人生。你愈是歡迎不快樂的感覺，愈能感受到你真實自我的快樂每天都在增加。最終你會自己發現，在**每一種**不快樂的感覺之下，都有著永無止境的快樂和覺知的愛。

第十章摘要

· 你**就是**快樂。這就是你的真實本質！快樂——一個永不停止的快樂泉源——此刻就在你之內！

· 沒有別的快樂，只有你真實本質——覺知——的快樂。你人生中任何時候都感受到的快樂**就是**覺知的快樂！

· 對你人生中的狀況來說，沒有什麼比你感到快樂更好。你愈快樂，人生愈不費力。

· 在這個世界上尋求快樂，我們的快樂會稍縱即逝。

· 我們可以享有世上所有我們想要成為、做到或擁有的美好事物，但要享有那些事物，我們必須完全知曉，唯一能找到真正恆久快樂的地方，就是自己的內在。

· 你的想法決定了你的感受，所以如果你不快樂，是因為你正想著自己不想要的事物。

· 橫在你與恆久快樂及真正的你中間的，是一個念頭：「我不想要這個。」

· 當你因為某個狀況而覺得痛苦或受傷時，讓那個受傷的感覺成為一記警鐘，告訴你此刻你正在相信並不真實的負面念頭。

· 許多人無意間都在抗拒快樂。

· 光是意識到自己一直在抗拒快樂，我們就從那個導致我們抗拒快樂的受壓抑信念那裡取走了大部分力量。

- 我們不必做些什麼才能快樂，而是必須停止做我們正在做的那些讓自己不快樂的事！

- 導致不快樂的只有一件事——執著。

- 當我們由於害怕失去某樣事物而緊抓不放——因為我們相信沒有它就無法快樂——便會產生執著。

- 通常，我們的執著形成了我們認為自己是誰的身分認同，而且我們覺得如果放下執著，我們將失去自己的身分認同。因此，雖然執著一直剝奪我們的快樂，我們還是堅持執著。

- 真正執著的不是**你**，而是你的心智。有所執著的是心智，真正的你不會執著於任何一樣事物。

- 要讓自己擺脫執著，你要做的就是愈來愈保持覺知，那麼你所有的執著都會一一掉落。

- 無論身邊發生什麼，你都可以在這一刻就快樂。快樂不是你必須尋找或等待的東西。

- 你無法獲得快樂，你只能**是**快樂。如果你快樂，你就是在作真實的自己。

- 如果你不覺得快樂，記得要歡迎任何不是快樂的感覺，允許它存在，不要試圖改變它或擺脫它。

- 你愈是歡迎不快樂的感覺，愈能感受到你真實自我的快樂每天都在增加。

第十一章

這世界一切安好

「一切都會安好，一切都會安好，一切事物都會安好。」

諾里奇的朱利安

「你知道，所有的神祕主義者——天主教、基督教、非基督教的，無論他們的宗教理論是什麼、他們的宗教是什麼——在一件事情上是一致的：一切安好，一切都好。儘管所有事物一團亂，但一切都安好。奇怪的悖論，當然，但不幸的是，大多數人從未發現一切安好，因為他們睡著了。他們正在做惡夢。」

戴邁樂，出自《覺知：與大師對話》

你可能會想，當我們放眼望向世界，看到暴力、戰爭、貧窮和破壞時，一切怎麼會安好？人們在互相爭鬥、互相攻擊、互相爭論、互相批評、互相威脅，在這個星球的各個地方造成痛苦。

但是，儘管我們經歷了動盪的歷史，當聖哲被問到一切怎麼可能安好時，他們會這麼回答：「因為世界是個幻相。」

　　他們的意思是，世界不是它看起來的樣子。我們相信的這個世界——堅實且有形，與我們分開存在，是唯一的實相——其實是個幻相。

「毫無疑問，宇宙不過是幻相。」
拉瑪那・馬哈希，出自《拉瑪那・馬哈希作品集》

　　科學告訴我們，任何有形事物大部分都是空間——我們之所以看見色彩，其實是因為那些顏色不存在；我們聽到的聲音實際上是一種振動，大腦透過神經訊號將其轉譯為聲音。而我們知道，在整個宇宙的質量中，電磁波譜只占〇・〇〇五％；更有意思的是，人類只能感知到那個比例的**一小部分**。那麼，這個世界真的是它看起來的樣子嗎？

「我看著帝國大廈，你也看著，對你我來說，它看起來可能一樣，但是對一隻有一百個眼睛的昆蟲而言，它看起來是什麼樣子？對一條僅能感知紅外線的蛇呢？對一隻只知道超音波回音的蝙蝠呢？因此，帝國大廈——它的樣子——是人看到的，不是鱷魚看到的，而你不能假設人類感覺器官那範圍狹窄的經驗是唯一的實相。此外，你無法解釋如果只有光子進入你的眼睛，為什麼帝國大廈看起來是它此刻看起來的樣子。」
狄帕克・喬布拉醫學博士，出自播客節目《mindbodygreen》

　　研究我們以為的現實時會發現，我們的假設不是我們認為的事實。

「科學始於假設有形世界是真實的、物質是真實的。這之所以是個問題是因為——如果你是科學家——物質是由什麼組成的？他們會說，是由分子組成的。分子是由什麼組成的？原子。原子是由什麼組成的？粒子。粒子是由什麼組成的？然後就進入更小的粒子。那它們是由什麼組成的？嗯，如果不是被測量為粒子，那麼，它們就是數學空間中的機率波。」

狄帕克・喬布拉醫學博士，出自播客節目《mindbodygreen》

這些機率波根本不是物質事物。它們就是空無，只有在被心智測量和觀察時，才會顯現為粒子！

「當你從一個房間換到另一個房間——當你的動物感官不再能感知到洗碗機的聲音、滴答作響的計時器、烤雞的氣味——廚房及其所有看似不連續的部分都會消融為空無，或是變成機率波。」

羅伯・蘭薩博士

其傳承可以追溯至十四世紀的玫瑰十字會將物質世界描述為只是「心理幽靈」，而量子物理學確認了古老傳統所知的是真相。

多年前第一次探究量子物理學時，我讀到的研究說，我身處其中的房間在我走出去時就不存在，因為那個房間和當中的一切在沒被觀察時，都會回到機率波狀態；只有當我走回去並觀察它時，那個房間才重新形成某樣實體事物的粒子。我曾經帶著好玩的心態走出房間，然後快速回頭，試圖抓到房間重新成形。毫無機會！

「在物質浮現之前（一顆石頭、一片雪花，甚至是一顆次原子粒子），都必須先被一個生物觀察到。」
羅伯・蘭薩博士，出自《宇宙從我心中生起：羅伯・蘭薩的生命宇宙論》

　　在其最深的層次，我們這個世界的整個有形結構和當中的每一樣事物，都不過是空無一物的空間。因此，正如狄帕克所言：「世界是有形的嗎？」

　　但如果世界不是有形的，那它是什麼？

　　一切有形的顯化都來自心智，但這比心智勝於物質的概念深得多。物質**就是**心智。所有看起來堅實有形的事物——整個有形世界和宇宙——實際上都是心智投射出來的意象。

「萬物唯心造，宇宙即心像……掌握宇宙唯心本質真相的人在精進之路上有很好的進展。」
出自《卡巴林恩》

「世界和宇宙是心智編造出來的。」
萊斯特・雷文森，出自《快樂是免費的》第一～五冊

「就連原子的結構也已被心智發現。」
拉瑪那・馬哈希

「所有的顯化都是心智。」

法蘭西斯‧路西爾

「思想是發源自神的主要能量和振動，因此是生命、電子、原子和所有形式能量的創造者。」

帕拉宏撒‧尤迦南達，出自《神與阿周那的對話：薄伽梵歌》

　　當你在夜晚凝視廣闊的宇宙，你有多確定它是在你之外？我們現在知道，我們看到的任何畫面都是來自光子撞到視網膜，然後被大腦轉譯為圖像；大腦接著翻轉圖像，並從我們頭部後方將它投射出來。因此就連在生物學層次上，我們所見的其實都在我們裡面。

　　看著這世界時，我們並不是從外面看它，而是從我們裡面看。我們察覺到外在世界的感受都是在我們**內在**被經驗到的。**觸摸某物**時，你會從你裡面感覺到它，而不是外面。自己確認一下。當某人

用雙臂抱著你時，你是從你裡面看到和感覺到他；聽到聲音時，你不是從外面聽到的，而是從你裡面；移動身體時，你是從你的內在感覺並體驗到動作的每個感受。我們的感官覺受沒有一個可以證明，有個世界存在外面，且與我們分開來。

「我們編造了這整個宇宙，但忘記自己做過這件事。我們說宇宙是真實的，且與我分開來，而這其實只是我們心智中的一個畫面。你唯一會看到這個世界的地方，只有在你的心智；讓心智入睡，就沒有世界了。不要從睡眠中醒來，從此就不會再有世界了──但你是世界。」
萊斯特・雷文森，出自《意志力》有聲書

從茶匙到天上的太陽，你所見的都是心智的投射。我們的心智像電影放映機一樣，投射出這世界的影像。那就像站在一個三百六十度的電影院中，上下四周都被影像圍繞，還有完整的環場音效，提供了非常令人信服的經驗。

「世界以一個獨立的實相存在，這是個幻相。」
法蘭西斯・路西爾

你所見的世界 ── 一個看起來在我們身體之外獨立存在的世界──是由心智創造的幻相。事物的實體外觀、事物的三維外貌，是心智創造出來的幻相。

這個世界的影像，以及我們透過感官獲得的對世界的體驗，就

像你睡夢中的世界。夢的內容和你對這個夢的體驗完全是心智創造的，就像你清醒時對這個世界的體驗，完全發生在心智中。

「知道心智擁有這種驚人的創造和自欺能力，那麼，懷疑我們在當下的清醒狀態認為是『我』的身體和視為真實的世界，其實可能只是想像出來的東西或心理投射，就像我們在夢中經驗到的身體和世界一樣，難道不合理嗎？我們有什麼證據證明，我們在這個清醒狀態下經驗到的身體和世界不是自己心智的產物，而是別的？」
麥可・詹姆士，出自《快樂與存在的藝術》

「你已經在想像中寫好一部有演員、幕次和觀眾的電影，並投射到銀幕上，忘了這全在你的心智中。」
萊斯特・雷文森，出自《快樂是免費的》第一～五冊

「這個世界是由思想和觀念組成的。」
我的導師

「我們在外面那裡看到的，是自己的心智。」
萊斯特・雷文森，出自《快樂是免費的》第一～五冊

「我們命名的一切──緯度、經度、格林威治時間、國家、州、天體、星系，你命名的所有事物──都是人構思出來的。因此，我們創造了這個世界……在數千年期間。我們是說故事的人。」
狄帕克・喬布拉醫學博士，出自二〇一八年在「科學與非二元性」會議中的演講

　　我們不僅透過自己個人的念頭和集體思想創造了這個世界，也正在創造我們每時每刻經驗到的一切。

　　「那個叫作『世界』的外觀？世界只是我們創造的幻相，總有一天，你會發現自己創造了整個宇宙……它不過是我們所有思想的混合物。」
萊斯特・雷文森，出自《意志力》有聲書

　　而能將思想變成貌似真實的世界和宇宙的力量是什麼？是無限覺知，那唯一的力量。無限覺知是唯一存在的力量，沒有對手，而你就是那無限覺知。

全都是意識覺知

　　「總的來說，這世界並不是像教科書描述的那樣。大約從文藝復興時期開始，幾世紀以來，世人對宇宙構造抱持的單一心態主導了科學思維。這種思維模型帶我們深入了解宇宙的性質，並透過無數的實際應用改變了我們生活的各個面向。但這種模型正逐漸失效，必須用一種截然不同的典範來取代，這種典範反映出一個至今仍完全被忽略的更深層實相。」
羅伯・蘭薩博士，出自《宇宙從我心中生起：羅伯・蘭薩的生命宇宙論》

　　「由於某個無法解釋的原因，每種可能存在的經驗中最普遍的元素——意識——一直是個祕密。」
狄帕克・喬布拉醫學博士

在演講中，狄帕克・喬布拉提出了兩個科學尚未解決的最大難題：

1. 宇宙的本質是什麼？

2. 意識從哪裡來？

「科學無法解決自然界的終極奧祕，那是因為分析到最後，我們自己就是自然的一部分，也就是我們試圖解決的謎團的一部分。」
馬克斯・普朗克，量子物理學家，出自《科學走向何方？》

儘管科學家一直相信「世界是客觀存在的、物質的、實體的，且與我們分開來」這個模型，卻無法找到宇宙的本質是什麼。但是，聖哲已經知道那兩個尚未解開的科學最大問題的答案好幾百年了。

宇宙的本質是什麼？
宇宙的本質是意識。

意識從哪裡來？
意識不來自任何地方——萬事萬物都源自意識。

意識或覺知是無限的——它同時存在每一個地方——所以它怎麼可能來自任何地方？

　　我們從科學得知，物質宇宙始於大爆炸，這表示它一定有個結束，科學家是這樣預設的。有開始和結束，這讓我們的宇宙變得有限，而如果它是有限的，那它一定來自某樣**無限**的事物！宇宙來自意識，而意識——它是無限的——正是我們的宇宙及其中一切的根本和本質。

　　你是無限意識、無限覺知，這意味著，最終，宇宙**就是你、在你之內**。

「整個宇宙都被包含在一個人之內——你。」
魯米

　　這個世界、宇宙，以及其中的一切，包括你的身體，都在覺知**之中**。它們都位在覺知內、覺知上。覺知是全在的，它在每個地方，而萬事萬物都在其中，且從中而生。覺知是全知的，它知道一切，因為它包含了一切。覺知是全能的，它全是力量，因為除了它之外，沒有別的力量。

「你，你自己就是永恆的能量，顯現為這個宇宙。」
艾倫・沃茨，出自《意識的本質》

世界電影

看電影或電視時，如果沒有銀幕或螢幕，我們就無法看到畫面。心智也需要一個銀幕，才能看到它正在投射的世界電影畫面。那個銀幕就是覺知。

心智投射的世界電影在覺知的銀幕之中和之上，這意味著所謂的世界最終是由覺知構成的——我們所是的那唯一的無限覺知。當聖哲說「我們是一」「我們是一切」時，指的就是這個。我們當然是一切，因為我們是那個萬事萬物都存在其中和其上的覺知！

「因此，這所有顯化其實沒什麼。它實際上只是那個類似空間的覺知振動成為圖案、形狀和形相而已。」
「水手」鮑伯‧亞當森，出自《此刻有什麼問題？》

「意識的底層狀態就像這其他所有事物在其中發生的大氣、在其上播放的電影銀幕，沒有任何事物能影響它，沒有什麼可以觸碰到它。」
揚‧弗拉澤，出自《當恐懼消逝》

「沒有任何事物是它看起來的樣子，你也不是。你只需要看得更深一點、感覺得更深一點。」
潘蜜拉‧威爾森

想要改變世界？

「社會變革是次要的，當身為人類的你於自己內在引發改變，那就會
不可避免地自然發生。」
基度・克里希那穆提，出自一九七○年於聖塔莫尼卡的第三次公開演講

「覺知就是我們之所是。你不是來拯救世界的——你是來愛世界的。」
戴邁樂

「你希望世界變得不同。假設你被賦予力量，可以消除世界現在的模
樣，並按照你的意願重建：沒有戰爭、沒有暴君、沒有蚊子、沒有癌
症、沒有痛苦，每個人都面帶微笑。最終你會有個很無聊的東西，一
項沒有滋味的事物。接著，你開始添加一點點鹽和胡椒粉；到最後，
你會回到開始的地方，才領悟到它本來的樣子就很完美了！」
法蘭西斯・路西爾，出自《沉默的芳香》

　　當我們仍執著於自己的種種信念，以及那個相信我們是分離個
體的信念，這世界永遠不會平靜。數十億的小我會一直製造衝突，
因為小我是不穩定的——它們永遠不會達成共識。但覺知允許這一
切。覺知允許幻相、錯誤信念、缺乏和平、衝突、痛苦及戰爭，因
為只有愛允許一切存在。從任何痛苦中解脫並不取決於世界和平，
而是取決於你發現自己誤以為你只是一個人，以及取決於你經驗到
自己是那唯一的無限存有。

「無限存有不擔心世上的苦難，因為它永遠不會被那些事物影響。」
大衛・賓漢

「當你把這個世界看作你，它看起來會跟原本貌似與你分離時完全不同。你會愛上並認同它，以及當中的每一個人。」
萊斯特・雷文森，《快樂是免費的》第一～五冊

「隨著我們變得更有意識，更多的愛就會出現。因為自我了悟，你會領悟到一切都是你，就不可能去傷害任何事物。」
大衛・賓漢

　　覺知對一切說「好」，允許萬事萬物自由地如其所是，因為這世界和其中的一切**都是**覺知——是它自己，是我們自己。這意味著沒有什麼會反對我們，沒有苦難會降臨在我們身上，沒有原子彈或流星可以毀滅我們，沒有任何匱乏或限制有可能影響我們，因為歸根結柢，這一切都是**我們**。當你意識到自己的真實自我，並保持這種覺知時，你會知道：

　　無論這世上的事物看起來怎樣，一切始終永遠安好。

第十一章摘要

- 我們相信的這個世界——堅實且有形，與我們分開存在，是唯一的實相——其實是個幻相。

- 在其最深的層次，我們這個世界的整個有形結構和當中的每一樣事物，都不過是空無一物的空間。

- **物質就是心智。**所有看起來堅實有形的事物——整個有形世界和宇宙——實際上都是心智投射出來的意象。

- 你做的夢的內容和你對這個夢的體驗完全是心智創造的，就像你清醒時對這個世界的體驗，完全發生在心智中。

- 能將思想變成貌似真實的宇宙的力量是無限覺知，唯一存在的力量。

- 宇宙來自意識，而意識——它是無限的——正是我們的宇宙及其中一切的根本和本質。

- 這個世界、宇宙，以及其中的一切，包括你的身體，都在覺知**之中**。它們都位在覺知內、覺知上。

- 當我們仍執著於自己的種種信念，以及那個相信我們是分離個體的信念，這世界永遠不會平靜。數十億的小我會一直製造衝突。

- 從任何痛苦中解脫並不取決於世界和平，而是取決於你發現自己誤以為你只是一個人，以及取決於你經驗到自己是那唯一的無限存有。

- 覺知對一切說「好」，允許萬事萬物自由地如其所是，因為這世界

和其中的一切**都是**覺知──它自己。

- 無論這世上的事物看起來怎樣，一切始終永遠安好。

第十二章

沒有結束

如果我們都很害怕的一件事不是真的，會怎麼樣？如果沒有我們所謂的死亡，會怎麼樣？如果我們在死的時候醒來了，會怎麼樣？

「我從哪裡來，又要往何處去？那是個難解的大問題，對我們每個人來說都一樣。科學對此沒有答案。」
馬克斯·普朗克，量子物理學家

「身體死了，但超越它的靈魂無法被死亡觸及。」
拉瑪那·馬哈希，摘自《拉瑪那·馬哈希作品集》

「如果你把自己視為只是身體和心智，那『你』一定會死！當你發現自己是不生不滅的覺知，對死亡的恐懼將不再困擾你。實際上，這就是死亡的死亡。」
穆吉

「當你醒來時，所有恐懼，包括對肉身死亡的恐懼，都會消失。這是因為『你』並不是會受到傷害的某樣事物。」
揚‧弗拉澤，出自《存在的自由》

「死亡就是剔除所有不是你的事物。生命的祕密就是『在死之前死去』——然後發現沒有死亡。」
艾克哈特‧托勒，出自《當下的力量》

在死之前死去意味著終結心智認為你只是一個人的幻相，意味著對「作為人」這個**概念**漠然置之，並領悟到你真正所是的無限覺知。只有這樣，你才能「在死之前死去」，並發現真相——沒有死亡。

「在人類這一生可以學習的所有事物中，我有個最重大的消息要告訴你、最美好的事要分享：你是那個無形無相、不變且永不死亡的。」
穆吉，出自《白火》第二版

「你、你的身心，以及你所見的世界都是同一個虛擬實境的一部分……你——真正的你——是無形無相的意識，而一旦與之認同，你就會發現自己擁有的其他每個身分都是暫時的。無論是丈夫或父親，或兒子，或妻子……這些都是暫時的身分，有生有滅，而且不斷變化，並不是真實的……你擁有的唯一絕對身分是無限的、無形無相的、難以想像的存有，它會根據其結構將自身轉變為任何實相。」
狄帕克‧喬布拉醫學博士，出自播客節目《mindbodygreen》

「我們已經忘記自己是這個意識，而讓自己與物體認同。我們認為，『我是身體，所以我會死。』然而，意識沒有發現自己在一具身體裡。身體出現在意識中，心智出現在意識中，世界出現在意識中，這是我們的經驗。儘管如此，我們還是將相反的概念疊加在自己的經驗上，認為意識在心智中，心智在身體中，而身體在這個世界中。」

法蘭西斯・路西爾，出自《沉默的芳香》

「你現在認為你是身體，因而將自己與身體的生滅混淆了。然而，你不是身體，你沒有生，也沒有死。」

拉瑪那・馬哈希，出自《走向靜默，如你本來》

「因此，死亡真正的答案是：這是人構思出來的另一個概念。如果你相信有形世界，那麼你必須相信死、必須相信生；但要了解，你是一個無形無相的存有——**無形無相**——以形相來經驗自身。所以此刻，那個無形無相的存有正以一個身體心智在經驗自己。」

狄帕克・喬布拉醫學博士，出自播客節目《mindbodygreen》

「你認同你會死，只因為某人讓你相信你出生了。」

彭加尊者（帕帕奇），出自《真相是》

「從來沒有一個時候我不存在，你也是……也沒有任何一個未來我們會停止存在。」

克里希納

　　你無法想像不存在，因為你絕對不會**不在**。如果你想像不存在，就會對你正在想像不存在有所覺知，然後，這就是了——覺知！

「當你還是嬰兒時，你不知道這是桌子、這是手，或者你有個身體。你經驗到的就是……一個黏糊糊的宇宙，裡面有很多色彩、身體覺受、畫面，還沒有任何念頭，只有一種驚奇和困惑感。然後我們引進概念；你是男性、你是美國人、你是人類、那是星星、那是星系、那是地球。這就是科學世界觀的運作方式。因此，你現在突然透過濾鏡看世界，意識成了一個受制約的心智，讓你經驗到一個有形世界和有形身體，而現在因為你在自己的意識中構建了這個東西，於是你會擔心生死了。這些是人類的概念。沒有生、沒有死、沒有肉身、沒有宇宙，有的是意識，它是無限的，而你就是**它**。」

狄帕克・喬布拉醫學博士，出自播客節目《mindbodygreen》

「個人意識被克服時，也會隨之獲得不朽……放下個人小我，獲得我們真實自性的意識時……我們會到達不朽。這件事在此時此地就可以實現。」

喬爾・戈德史密斯，出自《無限之道》

「死亡並不是熄滅光；它只是熄滅了燈，因為黎明已經到來。」

羅賓德拉納特・泰戈爾

　　對一個死去的人來說，死亡是什麼模樣？

「就跟做夢之後醒來一樣。一點差別也沒有。」
我的導師

　　導師們強調，覺知或意識從未出生，也永遠不死。這意味著，當身體走到終點死去，覺知和意識一如既往地繼續存在——全然覺知，全然活著。那時你也許會領悟到你從來都不是這個身體，因為你發現自己像以前一樣全然覺知且存在，只是沒有身體。覺知並不需要身體才能覺知，當身體死去時，你沒有一秒鐘是不覺知的——你沒有萬億分之一秒不是保持在完全覺知的狀態。無論有沒有身體，你都永遠且無窮盡地處於覺知中，全然而完整地活著。

「意識和覺知從未開始，也永不結束。」
羅伯・蘭薩博士，出自《超越生物中心主義：以生命和意識為中心，重構時間、空間、宇宙與萬物》

「生命沒有對立面。死的對立面是生，而生命是永恆的。」
艾克哈特・托勒，出自《當下的覺醒》

　　如果你真的知道沒有人會死去，你的人生會有什麼不同？如果你確實知道你和其他每個人都是那一個永恆的無限存有，會怎麼樣？如果你帶著那樣的知曉過活，明白這就是真相，人生對你來說會是什麼模樣？

　　聖哲告訴我們，當我們知道真相，人生會變得輕盈、不費力，充

滿歡笑及無限的愛，全然享受發生的一切。每一刻都被細細品味，對這世界的奇妙和壯麗有著難以抑制的感謝之情，對人類和所有生物深切的愛和憐憫也油然而生。

聖哲告訴我們，面對那些曾帶來煩擾的人或事，我們會處之泰然。我們不再看到問題，或是發現事情像自己曾經以為的那樣嚴重。我們會輕鬆看待這世界所有的來來去去，彷彿正在看電影。我們將充滿無法言喻的平靜，知道無論發生什麼，對自己或任何人來說都沒有終點。

從發現「祕密」開始，我就知道我們不會死。一旦了解有法則在支配我們的思想和有形生命，例如因果、吸引力及業力，我就知道我們必須活超過這一輩子，否則意義何在？怎麼可能有人在一世就掌握住法則？連佛陀都說他在領悟到自己真正是誰之前活了五百世，那可是佛陀啊！

「當你用『我』來表示你的個體性時，那個感覺將永遠不會離開你，它會擴大。而當你發現你之所是時，會開始看到別人是你、看到你是我、看到只有一，領悟到你現在是且一直都是那一個輝煌的無限存有。」

萊斯特・雷文森，《快樂是免費的》第一～五冊

遊戲中的化身

「這都是意識在玩的遊戲：假裝它自己真的是一個人的遊戲。」
大衛·賓漢

「我們的本質，純粹的覺知，在整個人類冒險中不會獲得或失去什麼。」
魯伯特·斯皮拉，出自《愛的灰燼》

在地球上擁有生命，就像在電腦遊戲中擁有化身。當你的身體在遊戲中死了，你會得到一個新的身體，又回到遊戲中，一個化身接著一個化身，直到你結束遊戲。有些傳統告訴我們，在我們的人類生命中，每次死亡我們也都會獲得一個新的身體，直到我們因為醒來並完全認識真正的自己——覺知——而「結束遊戲」。

我們很可能都活了許多世，很可能有好幾百世，但意識和宇宙以認識到真相為喜，且那會讓**這一世**成為最重要的一世！

「你在這裡是為了讓宇宙的神聖目的得以展現，那就是你有多麼重要！」
艾克哈特·托勒，出自《當下的力量》

你必須自己領悟真相，因為這無法給你。怎麼可能有人能把你給你？你已經是**你**了！別人只能指引你要往哪個方向找，你必須從**自**

身經驗去領悟，而不是從任何人的話語。

「你與這世界及整個宇宙都是覺知的變形。你和宇宙是運行中的覺知。」
狄帕克·喬布拉醫學博士，出自播客節目《mindbodygreen》

「在內在很深很深之處的你，基本上只是存在本身的結構。」
艾倫·沃茨，出自《喪失神智》

「當我們真正感受到宇宙在我們之內、就是我們，感受到沒有分離、分裂，只有這個整體，那麼宇宙和這世上的事件就會按照這個觀點展開，這個真實的觀點。它們揭示了神聖性，這世界的神聖；它們揭示了永恆的奇蹟。一開始是以一個感覺被經驗到，後來則被我們對這世界的經驗證實。」
法蘭西斯·路西爾，出自《沉默的芳香》

從人類到無限存有

　　我的導師說，要認識我們所是的無限存有只是一個決定。只有一個做決定的人，那就是你，無限存有——因此，決定徹底認識真正的你，跟決定去拿一杯水沒有什麼不同。你可以這樣決定：「我打算完全意識到自己的真實本質，覺知。我打算在我所是的無限覺知的喜悅中實現自己的目標、過自己的生活。我已經決定徹底認識我所是的永恆不滅的純粹覺知。」

「拿走你所有的想望、你所有焦躁不安的操縱，以及它整個可怕的重量和噪音，放進箱子裡並用膠帶封好，然後把箱子放到一部駛離你且永遠不會回來的卡車上。還有東西留下來，不是嗎？你還在這裡。你能感覺到自己在。歡迎回家。」

揚・弗拉澤，出自《存在的自由》

我們透過本書共同經歷的這趟美妙的旅程是要為你指明一個方向，讓你從相信自己只是一個人，到認識自己真正所是的無限存有；是要告訴你那條從受苦到一個充滿天堂般快樂與平靜的人生之路；是要讓你從傷痛、苦惱、焦慮、擔心和問題中解脫，存在覺知持續不斷的快樂中。你的真實自我，覺知，是**唯**一存在的永恆。其他的一切來來去去、出現又消失，但你是那個從未來且永不離去的。覺知覺知到你生命經驗的每一秒，但不受影響或傷害，並歡迎其中的一切。

「我們正經歷人類歷史上最令人興奮、有挑戰性且最關鍵的時期。之前從來沒有這麼多可能之事，也從來沒有這麼多處於危急關頭之事。」

彼得・羅素，作家及退休物理學家

透過許多覺知之人在本書中分享的話語，你已經開始醒來，且無論你接下來要怎麼做，都絕不會迷失。心智精心製作的幻相以前可能看似毫無縫隙，現在其結構有了個裂縫，那個裂縫永遠無法完全密封，讓你的心智再次陷入無知的黑暗中。覺知，你所是的無限存

有，將確保幻相的結構繼續裂開，直到真相被完全揭露和認識，而你終於重新結合為你的真實自我。

「我們向自性邁出一步，它向我們邁出九步。」
萊斯特·雷文森

有些人也許會在閱讀本書時當場醒來，但是對大多數人來說，這似乎是一趟覺醒的旅程。當你繼續放下負面感覺和信念，繼續盡自己最大的努力練習保持覺知時，覺知會在你內在不斷擴展；最終，覺知會擴大到讓你認清整個宇宙及當中的一切都被包含在你之內。

這是一趟沒有要去哪裡的旅程，因為你沒有地方要去；你已經是你在尋找的一切了，就在此地，就在此時。正如魯伯特·斯皮拉所言：「沒有地方要去，只要試著向自己邁出一步。你做不到。」

你所是的無限存有此刻就在。如果你還沒有完全意識到它，這只是因為你的心智說服你相信你是一個人。不過，那現在正在改變。

「當自性被意識到，我們永遠無法回到不知道它是什麼的狀態。然而，我們可以選擇再次沉浸在個體性中。」
大衛·賓漢

注意心智，因為它會試圖告訴你各種各樣的事，例如：「你不想要這個——一直是覺知很無聊的！我們出去跟湯姆碰面，找些樂子

吧！」當然，樂子也很好，而且真正的你喜歡樂子。當你以真實自我——覺知——過生活時，你還是會有樂子、會跟湯姆見面；事實上，作為覺知，你會比以往有更多樂趣。你會經常大笑，會做以前做的所有事，唯一的區別是你在做每一件事情時，都會處於持續的快樂與平靜中，沒有恐懼、憂慮、壓力或悲傷。

「即使你成為太空人，發現了未知的星系，也不會像在地球這裡發現你的自性一樣美妙。」

穆吉，出自《白火》第二版

　　我想讓你了解，你所是的無限存有，就是你**此刻**感覺自己所是的那個「你」；你不必先成為另一個版本的你才能是無限存有。最初發現這件事情時，我已經尋找另一個版本的我很久了，直到我領悟，此刻正透過我的身體覺知的，正是無限存有。

「你是具有神性的。現在該開始成為那樣了，不要假裝你不是。」

潘蜜拉·威爾森

你是誰？

「我們都是表現得像該死的傻瓜一樣的神。」

萊斯特·雷文森

「人生唯一的目的，就是成為全部的我們。這是我們的祕密意圖，而

且我們會草草完成任何我們認為對實現目的而言必要的道具——婚姻、房子、所愛的人，即使那道具是身體本身。」

我的導師

當婚姻結束，或我們失去所愛的人，或事情似乎失敗時，我們可能會遭受許多痛苦，但往往就是透過那些苦，我們才會開始琢磨生命到底是怎麼一回事。許多開悟的聖哲都經歷過巨大的痛苦，正是他們的苦引導他們對生命提出強烈的質疑，且最終帶領他們找到關於自己是誰的真相。

正在受苦時可能很難考慮到，自己經歷的痛苦正在將你帶向不可思議的事物，但對許多人來說，他們的痛苦確實已將他們帶進自己的天堂。

「受苦如何成為通往平靜的門？為什麼痛苦是地板上的暗門，如果完全站上去，就會在全然接納的駭人重量下打開……為什麼那些我們認為有礙於通往平靜的事物其實是窗戶，窗的另一邊是我們平靜的自我？為什麼如果不了解這一點，阻礙會一而再、再而三地出現？我們如何將它們吸引過來，就像磁鐵吸引鐵屑？一個人有多強大，我們對這一點知道得又是多麼少，而這種不知曉將如何成為最大的阻礙？」

揚・弗拉澤，出自《當恐懼消逝》

但現在你知道了。

「你永遠是你自己，剩下的只是一個夢。這就是為什麼真正的自我發現被稱為覺醒。」

穆吉

「這只是一個夢」是你看到和經驗到的一切事物背後的真相。這個發現不代表一個人因困境而掙扎時，你會缺乏憐憫心；然而，當你知道真相，你散發出來的寧靜安詳不需要任何言語，就能圍繞他們、安慰他們、穿透他們。當你知道不管怎樣，一切都安好，你終將從任何負面概念中解脫，而你的存在會為陷入苦痛中的人帶來莫大的安慰。據說，一個完全以無限覺知生活的人，會抵銷數百萬人的負面性。這就是覺知的純粹之愛的力量。

「你是住在肉體裡的神，你是肉身裡的靈魂，永恆的生命用你來展現它自己。你是宇宙的生命體，你是一切的力量；你是一切智慧、一切智能。你是完美的，你是莊嚴華麗的。」

出自《祕密》

你是那個類似空間的覺知，讓地球、太陽、恆星、星系和宇宙保持在適當位置。你是存在的基礎。

「你一直試著向左、向右或向外走，但一切事物的答案都是真正的你。世上所有事物，都在指引你回到自己。」

我的導師

「沒有任何事物、任何人可以使你完整，此時此地的你就已經是圓滿
完整的了。」
海爾·多斯金

「真的，當你看到自身的美，你會成為自己的偶像。」
魯米

「你要做的就是去發現自己已經擁有的東西。那就是為什麼稱之為
『了悟』：你領悟到已經在那裡的事物，一直都存在的事物。」
揚·弗拉澤，出自《當恐懼消逝》

　　自從人類居住在地球上以來，他們就一直在問同樣的三個問題：
我是誰？我從哪裡來？我要往何處去？這三個問題的答案都是：覺
知，覺知，覺知。

「萬物皆從至喜中而生，存在至喜中，復回歸至喜。」
《鷓鴣氏奧義書》

　　歡迎回家，回到你從未離開的地方。

「不要擔心任何事。你不是意外來到這裡的，這個形相只是暫時的戲
服，但戲服後面的那個，是永恆的。你必須知道這一點。如果你知道
並相信，你就不必擔心任何事。」
穆吉，出自《白火》第二版

「發生在我身上的，也可能發生在你身上。你也許不相信，不管日子
如何，你都有可能變得自由、不再受苦、讓喜悅每天都像溫暖的小溪
一樣流動。但我在這裡告訴你，這是可能的。」
揚·弗拉澤，出自《當恐懼消逝》

當心智靜下來，你所是的那個知曉一切的無限存有會負責照料。

「當你永遠成為真正的你——意識覺知——時，你會接收到你有的每
一個問題的答案，而你曾經擁有的每一個渴望都會實現。」
我的導師

你會完全清楚，再也不會遭受困惑或不確定之苦。

「我們應該完全憑直覺運作。當你根據你所是的直覺行動的那一刻，
你的人生將會變得美好。」
我的導師

此時此地，所有的苦都可以為你結束。覺知是你擺脫所有痛苦的
出路，是你的鑰匙，通往不朽，以及一個充滿歡笑、喜悅、全然的
豐盛、美和至喜的人生。

「發現真相那個人的光已經照亮人類的存在幾千年了。這就是一個人
領悟到關於自己是誰的真相後，會擁有的力量。」
穆吉

「有些人一生中並未廣為人知，卻永久發揮著巨大的影響力；有更多
人的名字在歷史紀錄中找不到。儘管已被遺忘，但他們釋放進這個世
界的智慧和愛仍在影響我們。我們送給這世界真正的禮物，是成為愛
與明晰的源頭，並認識到要成為這個源頭，人必須徹底了解自己。」
法蘭西斯·路西爾，出自《真，愛，美》

「一個除了愛什麼都沒有的人可以對抗整個世界，因為這種愛十分強
大。這種愛只是自性；這種愛是神。」
萊斯特·雷文森，出自《快樂是免費的》第一～五冊

　　完美只有一個來源，那個來源就是你！當你在這世界的任何地方
看到愛，要了解那就是你；當你看見美麗的落日，要知道你注視著
的美就是你；當你在世上任何地方注意到快樂，要認出那就是你；
哪裡有歡笑，要知道那是你散發出來的無盡喜悅；當你往外看著世
上無數的生命形式，要知道讓它們呼吸的生命是無限存有，而那也
是你。沒有其他事物存在，除了唯一的無限存有——真實自我、純
粹的覺知意識——的壯麗，而那就是你。

　　最終，人生的每一刻、每個狀況都在指引你回家——回到覺知。
當生活中有任何事傷害了你，那毫無例外地都是一記警鐘，讓你知
道你走錯方向了——你正在相信某件並不真實的事。我們是浪子，
有時腳步踉蹌、被挫傷、被打、被嚇到、遭受痛苦，跌倒好多次，
但對我們所有人而言，最終就是要了解、要記住、要認識到真正的
自己——永恆的覺知——以及對我們任何人來說，都沒有結束。

這是簡單卻令人驚歎的真相，很少人知道。這就是最大的祕密。

沒有結束

第十二章摘要

· 沒有我們所謂的死亡。身體死了,但靈魂無法被死亡觸及。

· 在死之前死去意味著對「作為人」這個**概念**漠然置之,並領悟到你真正所是的無限覺知。

· 當身體走到終點死去,覺知和意識一如既往地繼續存在——全然覺知,全然活著。

· 當我們知道真相,人生會變得輕盈、不費力,充滿歡笑及無限的愛,全然享受發生的一切,對人類和所有生物深切的愛和慈悲也油然而生。

· 你的真實自我是**唯**一存在的永恆,其他的一切來來去去、出現又消失。

· 在地球上擁有生命,就像在電腦遊戲中擁有化身。在我們的人類生命中,每次死亡我們也都會獲得一個新的身體,直到我們因為醒來並完全認識真正的自己——覺知——而「結束遊戲」。

· 作為真正的自己,你會比以往有更多樂趣。你會做以前做的所有事,唯一的區別是你在做每一件事情時,都會處於持續的快樂與平靜中。

· 人生唯一的目的,就是成為全部的我們。

· 往往就是透過自己遭受的苦,我們才會開始琢磨生命到底是怎麼一回事。對許多人來說,他們的痛苦已將他們帶進自己的天堂。

- 當你知道不管怎樣，一切都安好，你終將從任何負面概念中解脫，而你的存在會為陷入苦痛中的人帶來莫大的安慰。

- 覺知是你擺脫所有痛苦的出路，是你的鑰匙，通往不朽，以及一個充滿歡笑、喜悅、豐盛、美和至喜的人生。

- 當你在這世界的任何地方看到愛，要了解那就是你。

- 當生活中有任何事傷害了你，那毫無例外地都是一記警鐘，讓你知道你走錯方向了——你正在相信某件並不真實的事。

- 對我們所有人而言，最終就是要了解、要記住、要認識到真正的自己——永恆的覺知。

《最大的祕密》
練習

肯定句：

「我打算徹底意識到自己的真實本質——覺知。我打算實現自己的目標，並且在我所是的無限覺知的喜悅裡活出自己的人生。我已經做了決定，要成為我所是的永恆不滅的純粹覺知。」

- 覺知練習

    步驟一：問問自己，「我有所覺知嗎？」

    步驟二：注意覺知。

    步驟三：保持覺知。

- 透過一天留意覺知好幾回，把注意力轉移到覺知上。

- 一天至少花五分鐘，將注意力放在覺知上。你可以在一早醒來的時候、上床睡覺的時候，或是其他任何你覺得合適的時間做這件事。

- 用「我是那個感覺，或者，我是那個覺知到感覺的？」來質疑**每一個**負面感覺。

- 你可以將同一個問題（「我是那個，或者，我是覺知到那個的？」）用在任何負面念頭或痛苦的身體覺受上。

- 特級練習
  步驟一：歡迎任何負面事物。
  步驟二：保持覺知。

- 問自己這個問題：「我是正在承受痛苦的人，或者，我是那個覺知到痛苦的？」真相是，你是那個**覺知**到痛苦的，而不是正在承受痛苦的人。

- 當你聽到自己說「我相信」或「我不相信」時要非常覺知，因為緊隨這些字眼之後的就是一個信念。

- 當你聽到自己說「我認為」或「我不認為」時要非常覺知，因為緊隨其後的，也極有可能是一個信念。

- 你可以給潛意識心智一個指令，要它為你凸顯你的信念，讓你更能覺知到它們：「讓我一個一個看清楚我的信念，這樣我就可以覺知到它們當中的每一個。」

- 要揭露信念，就去覺知自己的反應。

- 歡迎任何抗拒的感覺。

- 要讓自己擺脫任何執著或問題，就歡迎它們，並保持覺知。

- 如果你不覺得快樂，記得要歡迎任何不是快樂的感覺，允許它存在，不要試圖改變它或擺脫它。

- 覺知對一切說「好」，允許萬事萬物自由地如其所是，因為這世界和其中的一切**都是**覺知——它自己。

- 停下來，現在就處於當下，因為覺知只能在當下這一刻被認出來。

「無論你身上發生些什麼，
這份沒來由的喜悅都會持續存在。」
——揚‧弗拉澤

《最大的祕密》
書中人物小傳

　　與本書中這些很棒的導師同時存在地球上，我感到無比幸運和感激。這些導師每一個都將生命奉獻給**我們的**自由和**我們的**快樂，其中有許多人已經這樣做好幾十年了。在他們其中任何一個面前，你會感受到他們散發出的令人難以抗拒的愛和喜悅，將你的真實本質反射回到你身上。如果你有機會親自與其中某位導師見面，要把握機會！如果沒辦法親自見面，也一定可以退而求其次，透過網路與其中一些人連繫。

　　現在要意識到自己的真實本質比以往任何時候都容易，我們每個人都有可能回家。 未來也許就沒這麼容易了——我們不知道——因此如果可以，請充分利用現在這個時間、你現在的生活，以及這些鼓舞人心的導師。

「水手」鮑伯・亞當森（Sailor Bob Adamson）

「水手」鮑伯是澳洲人，住在我的家鄉墨爾本。在領悟到我們真正是誰的真相後，我才在二〇一六年初注意到「水手」鮑伯。當時我住在美國，但很多年前我還住在墨爾本時，就曾日復一日、年復一年地在上班途中經過「水手」鮑伯的家。我不知道自己正開車經過一位已自我了悟的導師，一個有天會在我的人生中扮演不可或缺角色的人。二〇一六年發現「水手」鮑伯的事時，我決定立刻搭飛機去見他。當時他八十多歲，我參加過他的幾次聚會，也曾私下與他一對一談過話。每次見到「水手」鮑伯，我都會感到更輕鬆、更快樂、更自由。那是在我靈性覺醒的早期，我努力理解他告訴我的所有事，但今天，一切都非常清晰了。幾十年前在印度追隨尼薩加達塔・馬哈拉吉時，「水手」鮑伯就領悟到自己的真實本質了。從那時起，鮑伯就在家中與任何有興趣聽真相的人分享他的教導；他現在九十多歲了，仍持續在家裡舉行聚會。他說的「如果你不去想，那有什麼問題？」是有史以來最簡單、最深刻的話語之一。「水手」鮑伯的書有《此刻有什麼問題？》（*What's Wrong with Right Now?*）和《臨在覺知：僅此而已，沒有其他》（*Presence-Awareness: Just This and Nothing Else*），你可以在他的網站找到更多資訊：sailorbobadamson.com。

朱利安・巴爾伯（Julian Barbour）

朱利安・巴爾伯是英國物理學家，也是這三本書的作者：《時間的盡頭：我們對宇宙之理解的下一次革命》（*The End of Time:*

The Next Revolution in Our Understanding of the Universe）， 探討
「時間是一種幻相」的概念；《動力學的發現》（*The Discovery of
Dynamics*），研究牛頓的發現的背景；以及他在八十三歲時完成
的最新著作《宇宙奇點》（*The Janus Point*）。朱利安的網站是：
platonia.com。

大衛・賓漢（David Bingham）

　　大衛・賓漢是英國人，數十年來他都是個靈性追尋者，聽了約
翰・惠勒老師的播客節目，他才意識到自己真正是誰。大衛在意識
電視臺接受訪問，分享他自我了悟的經驗，我就是因為那個訪談節
目才開始覺醒。看了節目後，我跟隨大衛的腳步去聽同樣的播客，
然後透過電話向大衛諮詢，他在電話中幫助我經驗覺知，並了解關
於我真正是誰的真相。大衛現在是一名導師，已經幫助許多人領悟
自己的真實本質。他在意識電視臺的訪談內容也可以在《談談非二
元性》（*Conversations on Non-duality*）一書中找到。更多精采教導
請上他的網站：nonconceptualawareness.com。

狄帕克・喬布拉醫學博士，美國內科醫師學會會員
（Deepak Chopra™, M.D., FACP）

　　狄帕克・喬布拉是有專科醫師執照的內分泌學家，經歷了一趟
從印度到美國的發現之旅，在對西醫不抱幻想後，他轉向整合性全
人照護醫學。一九九五年，狄帕克開設了喬布拉健康中心，後來轉

型為「喬布拉全球」，這是一家全人健康公司，為全球數百萬人提供了身心安康方面的個人轉化服務。他寫了超過九十本書，當中有許多暢銷書。我第一次見到狄帕克，是幾年前他在「科學與非二元性」會議上演講，當時他一講完，我馬上跳起來鼓掌。想了解狄帕克廣泛而豐富的教導，可以上他的網站：deepakchopra.com。

戴邁樂（Anthony de Mello, S.J.）

已故的戴邁樂是出生於印度孟買的天主教耶穌會會士。儘管他只在地球上活了五十五年，他的教導至今仍然一樣鮮活。戴邁樂結合東西方靈性觀點的獨特能力，使他的教導深具啟發性和轉化性。他的受眾大部分是天主教徒或基督徒，他從《聖經》中汲取許多教導，為他的受眾闡明其中的意義。正是這個做法，結合他出色的說故事能力，讓人們意識到真相。戴邁樂的書自他在一九八七年去世之後一直是暢銷書，已經銷售了數百萬冊：《通往愛之路》（*The Way to Love*）、《相逢寧靜中》（*Sadhana, A Way to God*）、《慧眼禪心》（*One Minute Wisdom*）、《開悟者之心》（*Heart of the Enlightened*）、《靈修新徑》（*Wellsprings*）、《弦外之音》（*The Song of the Bird*）和《起飛》（*Taking Flight*）。我最喜歡從這兩本書開始：《覺知：與大師對話》（*Awareness: Conversations with the Masters*）和《重新發現生命》（*Rediscovering Life*）。也有影片可以看，親眼見證戴邁樂的教導讓人喜悅，他的聲音總是帶著笑，內心則充滿愛。這個了不起的老師的網站是：demellospirituality. com。

海爾・多斯金（Hale Dwoskin）

海爾・多斯金是傳奇人物萊斯特・雷文森的學生和指定繼承者，也是出現在《祕密》中的導師之一。海爾一生致力於透過瑟多納釋放法延續萊斯特的工作，幫助其他人領悟自己的真實本質，而許多人生命的轉化也證明了這個方法很成功。海爾定期舉辦避靜活動，訓練人們釋放負面性，以了解真實自我。我自己的旅程就有很大一部分是在釋放。你可以在《瑟多納釋放法》（*The Sedona Method*）及《快樂是免費的》（*Happiness Is Free*）第一～五冊中找到海爾和萊斯特的所有教導。海爾一年會在他居住的美國和世界各地舉辦幾次避靜活動。他的演講、視訊研討會和避靜活動是全球各地的人都可以透過網路參加的，我就用這種方式參加過許多場。這些精采素材都有存檔，可以在海爾的網站找到：sedona.com。

彼得・祖班（Peter Dziuban）

彼得・祖班是覺知、意識和靈性方面的作家和演說家，出生於美國，目前住在亞利桑那州。我第一次聽說彼得這個人，是在我的導師推薦他的書《意識就是一切》（*Consciousness Is All*）時。我讀了這本書，然後聽了有聲書版本，彼得在裡投提供了更多小時的教導。《意識就是一切》充滿洞見，讀來令人屏息——你在整個閱讀過程中真的會屏住呼吸好幾次。我非常感謝可以讀到這本書，因為它砸碎了我的世界（這是件好事！）。如果你已經準備往前邁進一步，一定要讀這本書；但假如你剛展開旅程，想要以比較簡單的形式體驗彼得的教導，我建議你從他的書《只是留意》（*Simply*

Notice）開始。他的網站是：peterdziuban.com。

揚・弗拉澤（Jan Frazier）

　　揚・弗拉澤是一位作家、導師和母親，二〇〇三年經歷了一次徹底的意識轉化。她有好多年都處於對一份可能罹患癌症的診斷結果的極端恐懼中，而當恐懼突然從她身上消失，她便沉浸在一種沒來由的喜悅狀態裡，那種狀態從未離開。隨著日子繼續下去，她發現有可能過上一種完全「屬人」卻沒有痛苦的生活。她現在的願望是傳播在每個人內在的真相。我很幸運能在一次個人諮詢中與揚交流，也讀過她的每一本書。《當恐懼消逝：一次頓悟的故事》（*When Fear Falls Away: The Story of a Sudden Awakening*）是她覺醒過程的每日記述。她的其他著作有：《存在的自由：自在面對一切所是》（*The Freedom of Being: At Ease with What Is*）、《偉大的甜味劑：思考過後的人生》（*The Great Sweetening: Life After Thought*）和《打開門：揚・弗拉澤關於覺醒的教導》（*Opening the Door: Jan Frazier Teachings on Awakening*）。揚是一位非常容易親近、充滿詩意、高雅美麗的作家，這本書中來自她的段落就證明了這一點，她也很客氣地允許我引用。你可以在揚的網站找到更多她的教導：janfrazierteachings.com。

喬爾・戈德史密斯（Joel Goldsmith）

　　喬爾・戈德史密斯是備受喜愛的美國靈性作家和神祕主義者，

以其著作《無限之道》（*The Infinite Way*）而為人所知——該書成為經典，影響了全世界許多人的生命，包括我在內。喬爾寫了很多書，而他演講的原始錄音可以在其網站找到：joelgoldsmith.com。

大衛・霍金斯博士（**Dr. David R. Hawkins, M.D., Ph.D.**）

霍金斯博士是全美著名的精神科醫師、內科醫師、研究學者、靈性導師和演說家，因為具備科學和醫學背景，他的靈性教導在科學上很令人信服。我第一次聽說霍金斯博士是在超過十五年前，當時我讀了他的書《心靈能量》（*Power vs. Force*），受到很大的影響。幾年後，我聽了他的許多演講，並閱讀他的著作《臣服之享》（*Letting Go*），再次跟隨他的教導。大衛・霍金斯博士的其他作品有：《霍金斯博士演講幻燈片合集》（*Book of Slides*）、《療癒與復元》（*Healing and Recovery*）、《實相、靈性與現代人》（*Reality, Spirituality and Modern Man*）、《超越意識等級》（*Transcending the Levels of Consciousness*）、《發現神的臨在》（*Discovery of the Presence of God*），以及《真實與虛假》（*Truth vs. Falsehood*）。霍金斯博士是個多產的作家、演說家和導師，影響了世界各地許許多多人。他於二〇一二年過世，從那時起，他的妻子蘇珊一直讓他珍貴的教導保持鮮活。你可以在大衛・霍金斯博士的網站深入研究其靈性教導和作品：veritaspub.com。

麥可·詹姆士（Michael James）

麥可·詹姆士從小就充滿疑問，並在十九歲時開始到世界各地追尋生命的意義。他遊歷了許多國家，最後到了喜馬拉雅山和印度，參訪許多聖地和各種寺院，尋找生命的目的和意義。最終，他去了印度的提魯凡納馬來，去到數十年前去世的拉瑪那·馬哈希的寺院，原本計畫住幾天，最後卻住了二十年。抵達後，麥可讀了拉瑪那的書《我是誰？》（Who Am I?），知道他終於找到了自己在追尋的東西。他開始學習印度的泰米爾語，以便翻譯拉瑪那·馬哈希的教導，這是他在接下來的二十年所做的事。我看到麥可在意識電視臺接受訪問，才第一次知道他，立刻去讀了他深富啟發性的著作《快樂與存在的藝術》（Happiness and the Art of Being），這本書概括了拉瑪那的教導，是麥可的人生之作。更多資訊請上網：happinessofbeing.com。

拜倫·凱蒂（Byron Katie）

在平凡的美國人生活中——兩次婚姻、三個孩子和一個成功的職涯——拜倫·凱蒂進入一段十年之久的惡性循環，陷入憂鬱、懼曠症、自我厭惡和想要自殺的絕望中。走投無路下，凱蒂將自己送進一所中途之家，她在那裡過了大概一週之後清醒過來，所有的憂鬱和恐懼都消失了。凱蒂發現自己沉醉於喜悅中，那份喜悅從此一直跟著她。她意識到，當她相信自己的念頭時，她很痛苦；但是去質疑念頭時，她就不苦了，而這對每個人來說都一樣。凱蒂從她自我了悟的經驗中發展出四個問題，這些問題被稱為「轉念作業」。

她的教導已經讓全世界數十萬人免於痛苦，而且還在繼續幫助人。我曾經用凱蒂的教導來質疑自己的念頭，也很幸運地出席了凱蒂的幾場演講，她在演講中用四個問題讓人們從自身信念解脫。凱蒂的書包括：《一念之轉》（*Loving What Is*）、《轉念，佛心自在》（*A Mind at Home with Itself*）、《轉念瞬間，喜悅無處不在》（*A Thousand Names for Joy*）、《我需要你的愛。這是真的嗎？》（*I Need Your Love—Is That True?*）、《友善的宇宙》（*A Friendly Universe*），以及給孩子看的《沒人喜歡我，這是真的嗎？》（*Tiger-Tiger, Is It True?*）和《四個問題》（*The Four Questions*）。你可以在這個網站找到更多拜倫·凱蒂美好的教導：thework.com。

洛可·凱利（Loch Kelly）

洛可·凱利結合了充滿智慧的教導、心理學和神經科學研究，幫助我們過著覺醒的生活。在經歷一趟包含數個傳統和導師的靈性之旅後，洛可領悟到自己的真實本質。在他的教導中，洛可從自身經驗分享，他的經驗給了他極大的喜悅、自由和愛，並幫助人們以人類發展的下一個自然階段覺醒。他的著作包括《轉變為自由》（*Shift into Freedom*）和《不費力的正念之道》（*The Way of Effortless Mindfulness*）。你還可以在洛可的網站找到大量教導、避靜活動、線上影片和課程：lochkelly.org。

基度・克里希那穆提（J. Krishnamurti）

　　已故的克里希那穆提一八九五年出生於印度，從小就知道自己的真實本質。他被公認為有史以來最偉大的思想家和宗教導師之一。我前夫在我們的整段婚姻中都在聽克里希那穆提，所以我在二十多歲到三十多歲時接觸他的教導許多年，但直到我發現「祕密」之後展開靈性之旅，我才回到他的教導中，且終於能夠理解。本書的許多導師都受克里希那穆提的教導影響。克里希那穆提的整個成年生活都在全世界演講，面向廣大的聽眾，也面向個人，包括作家、科學家、哲學家、宗教人物和教育者，主題是人類需要一次徹底的改變。他關心全人類，本身沒有國籍或信仰，也不屬於任何特定團體或文化。克里希那穆提透過公開演講、文字作品、與老師和學生的討論、電視和廣播的訪問，以及信件等形式，留下大量文獻，其中許多已經以五十多種語言出版為書籍，還有數百份聲音和影像紀錄。想要造訪克里希那穆提教導的寶庫，請上網：jkrishnamurti.org。

羅伯・蘭薩博士（Dr. Robert Lanza, M.D.）

　　羅伯・蘭薩博士被認為是應用幹細胞生物學領域的先驅之一。他發表過數百篇論文和發明，出版了三十多本科學著作，包括《宇宙從我心中生起》，他在書中提出了令人信服的論點，認為意識是宇宙的基礎，而不是其副產品。如果你正在尋找關於本書內容的絕妙科學觀點，那麼《宇宙從我心中生起：羅伯・蘭薩的生命宇宙論》（*Biocentrism: How Life and Consciousness Are the Keys to*

Understanding the True Nature of the Universe）將使你著迷，並滿足你可能有的每個問題。蘭薩博士獲得過許多獎項，包括《時代》雜誌的全球百大影響力人物和《展望》雜誌的五十大「世界思想家」。他被描述為天才和叛逆的思想家，還被比作愛因斯坦。更多資訊請上羅伯‧蘭薩博士的網站：robertlanza.com。

彼得‧勞瑞和卡雅妮‧勞瑞
（Peter Lawry and Kalyani Lawry）

彼得和卡雅妮‧勞瑞是澳洲人，居住在墨爾本（我的家鄉）。在經歷了一趟持續數年的熱切靈性之旅，以及在印度旅行之後，彼得和卡雅妮都領悟了自己的真實本質。很少有夫妻雙方都能自我了悟，這使得他們兩人在墨爾本舉行的聚會非常特別。幾年前去墨爾本時，我跟彼得和卡雅妮共度了一個改變生命的下午，也很幸運地跟卡雅妮進行過幾次個人電話諮詢。他們的書有卡雅妮寫的《點點閃耀的寶石》（*A Sprinkling of Jewels*）和《只有那個》（*Only That*）。更多資訊請上網：nonduality.com.au。

萊斯特‧雷文森（Lester Levenson）

萊斯特‧雷文森，傳奇人物。當真相之光滲透一具病體時會發生些什麼，他就是活生生的證明。萊斯特過去常說：「身體的不適（dis-ease）就是心智的疾病（disease）。」他一直是成千上萬人的激勵來源，而在他於一九九○年代去世後，他的教導也繼續鼓舞眾

人，讓許多人從痛苦中解脫。萊斯特的教學風格簡單，所以非常清晰，而因為如此，他的教導將在未來的好幾世紀繼續喚醒眾人。萊斯特的遺澤包括他的主要核心學生群，這些學生都已自我了悟，且本身現在就是老師了。其中一位是海爾・多斯金，他是萊斯特作品的守護者，非常感謝他讓我可以在本書中分享萊斯特許多簡單有力的教導。萊斯特的教導在我的人生中扮演了重要角色，也將繼續如此。本書中的萊斯特語錄，大部分摘自他和海爾・多斯金寫的《快樂是免費的》第一～五冊。更多資訊請上網：sedona.com。

法蘭西斯・路西爾（Francis Lucille）

　　法蘭西斯・路西爾出生於法國，現在住在美國。他在三十歲時遇見他的老師金恩・克蘭，領悟了自己的真實本質。金恩・克蘭建議法蘭西斯搬到美國，與他人分享真相，而因為法蘭西斯在法國著名的巴黎綜合理工學院接受過物理學訓練，所以能夠將清晰的科學觀點帶入他的教導中。透過他出色、清楚和精確的教導，他幫助了無數人領悟自己的真實本質，其中包括也出現在本書中的他的學生魯伯特・斯皮拉。我和法蘭西斯在加州做過幾次避靜活動，也很高興曾在他的住處與他相處了許多小時。法蘭西斯每年都會在歐洲和美國舉辦避靜活動，以及透過網路直播分享的面對面聚會（大多在週末）。無論你身在何處，都可以參加這些聚會，並體驗這位很棒的老師充滿接納的存在。法蘭西斯的書有《真，愛，美》（*Truth Love Beauty*）、《沉默的芳香》（*The Perfume of Silence*）和《此刻永恆》（*Eternity Now*），每一本我都讀過好幾次。你可以在法

蘭西斯的網站找到許多來自他舉辦的聚會和避靜活動的美好教導：
advaitachannel.francislucille.com。

夏克緹・卡特琳娜・瑪姬（Shakti Caterina Maggi）

　　夏克緹・卡特琳娜・瑪姬於二〇〇三年覺醒，過去九年都在從事
教學工作。自從開始教學，夏克緹一直在分享這個訊息：了解我們
的真實本質是「一個意識」。她是義大利人，住在義大利，並在歐
洲和世界各地舉行避靜活動和聚會，以及線上研討會。聚會以義大
利語進行，有些是用英語。我第一次見到夏克緹是在我參加的一場
靈性研討會上，她的演講和存在對我產生了很大的影響。夏克緹出
現在《論存在的奧祕》（*On the Mystery of Being*）一書中，她還
用英語撰寫部落格，你可以在她的網站找到許多深具洞見的文章：
shakticaterinamaggi.com。

拉瑪那・馬哈希（Ramana Maharshi）

　　已故的拉瑪那・馬哈希是個傳奇。一八九六年，他十六歲時，突
然產生一股對死亡的強烈恐懼。他躺下來全然歡迎死亡，那一刻，
他從一個人轉化成了真正所是的樣子──不死的靈魂。對拉瑪那來
說，從那天起，那個外表看起來是他的人只存在別人的眼裡──在
他眼中，只有覺知的無限空間。拉瑪那的教導透過探究真我，揭示
了直接通往覺醒的路，這是本書的許多導師使用的方法。他的教導
將你引向內在最深處的自我，亦即存在的一切之下唯一的真實。許

多人都透過拉瑪那・馬哈希的教導轉化了生命，我只是其中之一。更多資訊請上這個傳奇人物的網站，上面有大量書籍供免費下載：sriramanamaharshi.org。

穆吉（Mooji）

穆吉出生於牙買加，十多歲時移居倫敦。他現在住在葡萄牙，在那裡建立了一處自我了悟中心「靈哈嘉山」（Monte Sahaja）。穆吉的靈性覺醒是在一九八七年因為偶然遇見一名基督教神祕主義者而展開，然後在一九九三年因為追隨他的導師——著名的印度聖哲帕帕奇而到達最高點。從那時起，無數人來找穆吉尋求靈性上的指導，許多人開始認識自己的真實本質。他深妙的教導在全球吸引了大量追隨者，尤其是在 YouTube 上，那裡有許多他的演講影片可以免費觀看。穆吉的教學風格引起許多共鳴，特別是他的幽默感、類比、說故事方式和隱喻，他熟練地運用這些來闡明真相。與許多人一樣，我在線上看過穆吉的數百場演講，也和女兒一起去葡萄牙參加過他的一次避靜活動，我女兒在那場避靜活動中經驗了她的真實自我——沒有比這更棒的背書了。穆吉的書包括《比天空更廣闊，比太空更大》（*Vaster Than Sky, Greater Than Space*）、《白火》（*White Fire*）第二版、《神的念珠》（*The Mala of God*），以及一本可以讓你了解真實自我、很棒的小書《走向自由的邀請》（*An Invitation to Freedom*）。更多資訊請上網：mooji.org。

我的導師

我的導師（她希望匿名）是我最喜歡的兩個已故的老師萊斯特·雷文森和羅伯特·亞當斯的學生。四年前，當我第一次遇到我的導師、站在她面前時，整個人充滿天堂般的喜悅。當你感受到這種程度的至喜，絕不會想要它離開，而這樣的至喜是我們的真實本質！不幸的是，天堂般的喜悅並未永遠留下來，因為我的心智慢慢回來，帶來了不快樂和壓力。但在導師的指導下，我很有規律地依循著她的練習（本書中都有介紹），並且經常到她面前，於是我的心智變得愈來愈弱。現在，平靜與快樂常伴我左右，而我知道每個人都可以如此。

賈姬·歐基芙（Jac O'Keeffe）

賈姬·歐基芙是愛爾蘭人，目前居住在佛羅里達州。十多年前，賈姬發現了真相，因而了悟自我。你無法要求比她的教導更好的事物，她在教導中挑戰了受制約心智的局限。她以清晰和直接的教學方式聞名，會為學生舉辦避靜活動、工作坊和個人諮詢。我幾年前在網上找到賈姬，發現她的教導令人耳目一新，也很幸運親自參加過她的一些演講。透過賈姬的書《天生自由》（*Born to Be Free*）和《如何成為靈性反叛者》（*How to Be a Spiritual Rebel*），你可以進一步被她的作品激勵。就像本書中的每位導師一樣，她的人生致力於讓人類從心智造成的不必要痛苦中解脫，好讓我們能夠活在真實自我的喜悅、快樂和至喜中。她的網站是：jac-okeeffe.com。

馬克斯 · 普朗克（Max Planck）

德國物理學家馬克斯 · 普朗克對理論物理學有許多貢獻，但他主要是以發現能量子聞名，並因此在一九一八年獲得諾貝爾獎，也使得人類對原子和次原子過程的理解產生革命性的劇變。

彭加尊者（Sri Poonja）

出生於印度的彭加尊者被學生暱稱為「帕帕奇」（Papaji），穆吉也是他的學生。帕帕奇幼年就被靈性吸引，九歲時有了第一次的靈性體驗；大約三十年後，他遇見拉瑪那 · 馬哈希，領悟了自己的真實自我，靈性追尋就此結束。一九八〇和九〇年代，成千上萬人聚集到印度的勒克瑙，以感受帕帕奇的能量。他於一九九七年離世。想要更加了解帕帕奇的教導，請上網：avadhuta.com。

玫瑰十字會（Rose Cross Order）

我在本書的前言（緣起）和內文中提到玫瑰十字會，其總部設在西班牙的加那利群島，我是這個致力於提升人類意識的非營利組織的榮譽會員。歐洲玫瑰十字會的形成可以追溯到十四世紀，但它也是古老知識流派的精神傳承者，這些知識流派興盛於巴比倫、埃及、希臘和羅馬，甚至更早。該會有許多傑出成員，他們幾世紀以來一直默默地辛勤工作，冒著極大的風險，以真相讓人類從痛苦中解脫。法蘭西斯 · 培根（Francis Bacon）在世時曾是玫瑰十字會的統帥，牛頓曾是會員，他們只是與該會有關的眾多名人中的兩個。

玫瑰十字會現在的統帥安赫爾・馬丁・韋拉優斯（Angel Martin Velayos）指導了我很多年，我花了十年研究玫瑰十字會的教義，完成了超過二十二個英語教義學位，那些教義對我有很大的影響，幫助我看見和理解真相。更多資訊請上網：www.rosicrucian-order. com。

魯米（Rumi）

魯米是十三世紀伊斯蘭教蘇菲派神祕主義詩人，其影響力和描述真相的動人文字超越所有宗教、地理和靈性傳統的疆界，他的詩作也一直受到世人珍視。

彼得・羅素（Peter Russell）

彼得・羅素最初在劍橋大學是接受物理學和數學訓練。他一生都在研究科學和靈性傳統，寫了許多書，包括：《全球腦》（*The Global Brain*）、《超覺靜坐的技術》（*The TM Technique*）、《及時醒悟》（*Waking Up in Time*）、《從科學到神》（*From Science to God*），以及《意識革命》（*The Consciousness Revolution*）。我有幸能在聖荷西看到彼得於「科學與非二元性」會議上演講。你可以在他的網站找到許多免費演講，以及他內容廣泛的教導：peterrussell.com。

魯伯特‧斯皮拉（Rupert Spira）

　　魯伯特‧斯皮拉是英國人，居住在英國，定期會在當地舉辦聚會和避靜活動，每年也會到歐洲各地和美國舉辦好幾次避靜會。魯伯特原本是一名藝術家和陶藝家，經過二十年的靈修和靜心，他透過他的老師法蘭西斯‧路西爾認識了自己的真實本質。魯伯特清晰易懂且深入詳盡的教學風格改變了許多學生的生命，他的教導在我的覺醒旅程中扮演了重要角色，尤其是解開與身體的認同這部分。魯伯特回答學生問題的方式，是盡力確保他們實際體驗到自身問題的答案，而不是獲得一個心理概念作為解答。魯伯特的網站上可以找到他的避靜活動和演講的許多影片和音檔，他的著作（我全部讀過）則有：《意識的本質》（*The Nature of Consciousness*）、《透明的身體，發光的世界》（*Transparent Body, Luminous World*）、《純粹知曉之光》（*The Light of Pure Knowing*）、《事物的透明性》（*The Transparency of Things*）、《平靜與快樂的藝術》（*The Art of Peace and Happiness*）、《所有經驗的親密關係》（*The Intimacy of All Experience*）、《對覺知的覺知》（*Being Aware of Being Aware*）和《愛的灰燼》（*The Ashes of Love*）。更多資訊請上網：rupertspira.com。

艾克哈特‧托勒（Eckhart Tolle）

　　艾克哈特‧托勒是一位靈性導師和作家，出生於德國。他大部分的人生都處於憂鬱之中，二十九歲那年有了一次深刻的內在轉化，徹底改變他人生的路徑。藉由被翻譯成超過五十二種語言的全

球暢銷書《當下的力量》（*The Power of Now*）和《一個新世界》
（*A New Earth*），他讓數百萬人認識了活在當下的喜悅和自由。
艾克哈特深刻卻簡單的教導已經幫助全世界無數人找到內在平靜和
更大的滿足感，他教導的核心是一種被他視為人類進化下一步的靈
性覺醒，這種覺醒的一個必要面向是超越基於小我的意識狀態。像
其他數百萬人一樣，我是透過他的書《當下的力量》第一次發現艾
克哈特的教導。讀那本書讓我有很多轉變和靈性體驗，所以我隨身
攜帶《修練當下的力量》（*Practicing the Power of Now*），照著做
書中的練習好幾年。他的其他作品有：《當下的覺醒》（*Stillness
Speaks*），以及童書《貓是天生的禪師，狗是開心的朋友》
（*Guardians of Being*）和《米爾頓的祕密》（*Milton's Secret*）。
艾克哈特在世界各地舉辦避靜活動和演講，對人類有巨大貢獻，因
為他讓許多人從小我造成的痛苦中解脫。他的網站是：eckharttolle.
com。

奧義書（Upanishads）

　　《奧義書》是靈性教導的古代梵文文本，大約寫於西元前八
〇〇～二〇〇年，是印度教吠陀文獻最古老的靈性經典的一部分。

艾倫‧沃茨（Alan Watts）

　　已故的艾倫‧沃茨是一位英國作家和導師，在西方世界推廣東
方哲學。因言辭優美，於一九七三年去世的多年後，艾倫‧沃茨

的演講在全世界仍然很受歡迎。艾倫寫了二十五本書（我讀過許多本），其中最受歡迎的是《自我認識的禁忌》（*The Book: On the Taboo Against Knowing Who You Are*）、《不安的智慧》（*The Wisdom of Insecurity*）和《禪之道》（*The Way of Zen*）。他的孩子將他好幾場演講的影片放上網，另外也在網站上保存了他的演講，讓他對地球的貢獻可以在未來持續下去：alanwatts.org。

潘蜜拉・威爾森（Pamela Wilson）

　　潘蜜拉・威爾森住在北加州的灣區，曾是萊斯特・雷文森和羅伯特・亞當斯的學生。二十多年來，她一直在美國、加拿大和歐洲針對非二元性舉辦避靜活動、演講和個人諮詢。她本身就是個溫柔慈悲的人，我有幸參加過她好幾場演講。此外，她也出現在《論存在的奧祕》一書中。更多資訊請上網：pamelasatsang.com。

帕拉宏撒・尤迦南達（Paramahansa Yogananda）

　　自他出生後，一百多年來，這位備受世人喜愛的導師被公認是將印度古老智慧傳揚到西方最偉大的使者之一。對所有種族、文化和信仰的人來說，尤迦南達的生命和教導一直是光和激勵的來源。他的學生中有許多科學、商業和藝術領域的傑出人士，美國前總統卡爾文・柯立芝也曾在白宮正式接見他。和其他許多人一樣，我是在讀暢銷數百萬冊的《一個瑜伽行者的自傳》（*Autobiography of a Yogi*）時第一次發現尤迦南達的教導。這是一本令人難忘的書，引

發了一場靈性革命，對我也產生了深遠的影響。你可以在他創辦的「悟真會」（Self-Realization Fellowship）的網站線上閱讀《一個瑜伽行者的自傳》。尤迦南達的書還有很多，而在網站訂閱，你可以收到他自己寫的悟真會課程：yogananda.org。

國家圖書館出版品預行編目資料

最大的祕密／朗達・拜恩（Rhonda Byrne）著；王莉莉譯.
-- 初版 .-- 臺北市：方智出版社股份有限公司，2021.07
272 面；14.8×20.8 公分 .--（方智好讀；141）
精裝典藏版
譯自：The Greatest Secret
ISBN 978-986-175-618-9（精裝）

1. 靈修

192.1   110009658

http://www.booklife.com.tw   reader@mail.eurasian.com.tw

方智好讀　141

最大的祕密

作　　　者／朗達・拜恩（Rhonda Byrne）
譯　　　者／王莉莉
發 行 人／簡志忠
出 版 者／方智出版社股份有限公司
地　　　址／台北市南京東路四段50號6樓之1
電　　　話／（02）2579-6600・2579-8800・2570-3939
傳　　　真／（02）2579-0338・2577-3220・2570-3636
經 銷 商／叩應股份有限公司
法律顧問／圓神出版事業機構法律顧問　蕭雄淋律師
印　　　刷／國碩印前科技股份有限公司
2021 年 7 月　初版